Diagnósticos do fazer docente
na educação infantil

SÉRIE PESQUISA E PRÁTICA PROFISSIONAL EM PEDAGOGIA

DIALÓGICA

O selo DIALÓGICA da Editora InterSaberes faz referência às publicações que privilegiam uma linguagem na qual o autor dialoga com o leitor por meio de recursos textuais e visuais, o que torna o conteúdo muito mais dinâmico. São livros que criam um ambiente de interação com o leitor – seu universo cultural, social e de elaboração de conhecimentos –, possibilitando um real processo de interlocução para que a comunicação se efetive.

Diagnósticos do fazer docente na educação infantil

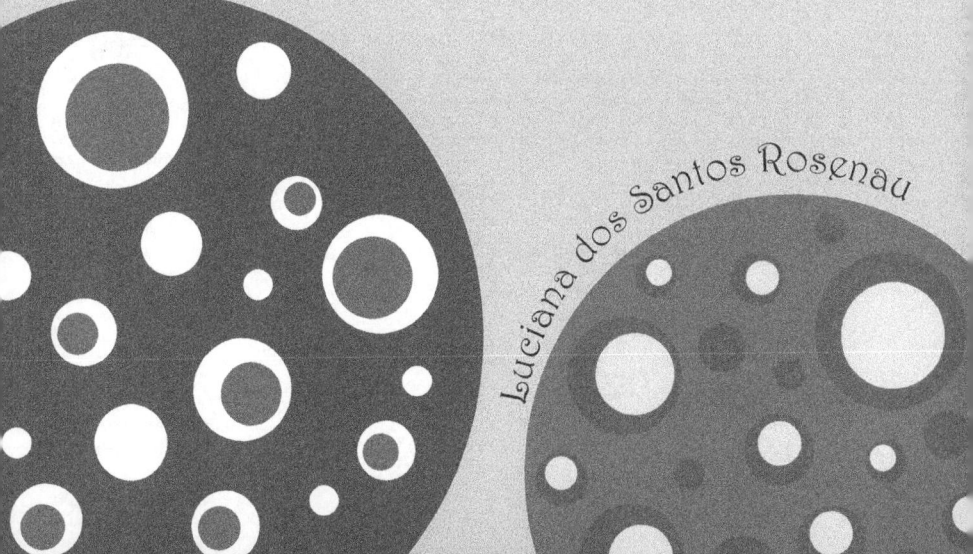

Luciana dos Santos Rosenau

Rua Clara Vendramin, 58 . Mossunguê
CEP 81200-170 . Curitiba . PR . Brasil
Fone: (41) 2106-4170
www.intersaberes.com
editora@editoraintersaberes.com.br

Conselho editorial
Dr. Ivo José Both (presidente)
Drª. Elena Godoy
Dr. Nelson Luís Dias
Dr. Neri dos Santos
Dr. Ulf Gregor Baranow

Editora-chefe
Lindsay Azambuja

Supervisora editorial
Ariadne Nunes Wenger

Analista editorial
Ariel Martins

Preparação de originais
Keila Nunes Moreira

Capa
Denis Kaio Tanaami

Projeto gráfico
Katiane Cabral

Ilustração da capa
Eliége Jachini – Estúdio Leite Quente

Iconografia
Sandra Sebastião

Dados Internacionais de Catalogação na Publicação (CIP)
(Câmara Brasileira do Livro, SP, Brasil)

Rosenau, Luciana dos Santos
  Diagnósticos do fazer docente na educação
infantil / Luciana dos Santos Rosenau. – Curitiba:
InterSaberes, 2013. – (Série Pesquisa e Prática
Profissional em Pedagogia).

  Bibliografia.
  ISBN 978-85-8212-570-0

  1. Avaliação educacional 2. Educação de crianças
3. Educação infantil 4. Educadores – Formação
profissional 5. Ensino 6. Pedagogia I. Título II. Série.

12-10030   CDD-370.71

Índice para catálogo sistemático:
  1. Educação infantil: Profissionais: Formação:
Educação 370.71

1ª edição, 2013.

Foi feito o depósito legal.

Informamos que é de inteira responsabilidade da autora a emissão de conceitos.

Nenhuma parte desta publicação poderá ser reproduzida por qualquer meio ou forma sem a prévia autorização da Editora InterSaberes.

A violação dos direitos autorais é crime estabelecido na Lei n. 9.610/1998 e punido pelo art. 184 do Código Penal.

Sumário

Apresentação, 13

Organização didático-pedagógica, 15

Introdução, 17

1 Formação de professores da educação infantil: recortes do contexto histórico, 19

    Imagens do professor da educação infantil, 22

    Novas lentes na identidade do professor da educação infantil, 31

    Síntese, 39

    Indicações culturais, 40

    Atividades de autoavaliação, 41

    Atividades de aprendizagem, 44

2 Um panorama sobre as concepções de infância e de criança, 45

    Ponderações sobre as concepções de infância e de criança, 48

    Pressupostos da aprendizagem e desenvolvimento da criança, 61

    Elementos da teoria sócio-histórico-cultural, 69

    Elementos da teoria psicogenética, 75

    Síntese, 79

Indicações culturais, 80

Atividades de autoavaliação, 81

Atividades de aprendizagem, 84

3 As trilhas do aprendizado na educação infantil, 85

Práticas pedagógicas na educação
infantil: "retrocessos nos avanços", 87

Ação docente na educação infantil: visões do cotidiano, 89

Processos de desenvolvimento
do pensamento e da linguagem na criança, 93

Signos e simbolização no espaço da educação infantil, 97

As bases do caminhar, 100

A rotina e a organização dos espaços e dos tempos, 111

Síntese, 123

Indicações culturais, 124

Atividades de autoavaliação, 124

Atividades de aprendizagem, 126

4 Possibilidades de investigação na educação infantil, 129

Pesquisa da prática profissional na educação infantil, 139

Elementos de observação na educação infantil, 143

Síntese, 149

Indicações culturais, 150

Atividades de autoavaliação, 150

Atividades de aprendizagem, 153

Considerações finais, 155

Referências, 159

Bibliografia comentada, 167

Respostas, 169

Sobre a autora, 175

À minha amada filha Eduarda: joia preciosa.
Ao meu esposo Nanderson: pela união familiar.

Agradecimentos

Agradeço, em especial, a algumas pessoas: às professoras Kelly Lueneberger Kauling da Silva, Melissa Cross Bier e Marina Iara Campos Kalinowski, por colaborarem na revisão deste livro. À Keila Nunes Moreira, pela paciência com meus atrasos e excelente trabalho de revisão textual na Editora InterSaberes. À professora Evelin Baranhuk, por socializar seus conhecimentos teóricos e práticos na segunda versão do terceiro capítulo desta obra, e à professora Maria Anita de Souza Castro, por fazê-lo também na primeira versão do terceiro capítulo. À professora e amiga Sandra Urbanetz, que, ao longo desses anos, proporcionou-me muitas oportunidades de crescimento. À professora Joana Romanowski, exemplo de profissional, que fez diferença, em especial, na minha formação como docente e como ser humano. À professora Tania Stoltz, pelas excelentes aulas dialógicas. Ao professor Salezio Pereira, por ser brilhante mediador na tomada de consciência de muitas questões. À minha mãe, Mafalda, por me ensinar o bom gosto da liberdade e por ser exemplo de amor e generosidade. Ao meu pai, Laurindo, por ter inspirado em mim uma eterna insatisfação, a qual me faz sempre querer ser melhor do que sou.

Não menos que a investigação teórica, a experiência pedagógica nos ensina que o ensino direto de conceitos sempre se mostra impossível e pedagogicamente estéril. O professor que envereda por esse caminho costuma não conseguir senão uma assimilação vazia de palavras, um verbalismo puro e simples que estimula e imita a existência dos respectivos conceitos na criança, mas, na prática, esconde o vazio.
(Vygotsky, 2009, p. 247)

Apresentação

Este livro tem o objetivo de contribuir com a formação do professor da educação infantil. É destinado aos estudantes do curso de Pedagogia e também aos docentes da educação infantil.

Como diagnosticar tem por objetivo verificar os conhecimentos que já foram construídos pela criança, consideramos que os dados obtidos por meio dessa atividade podem auxiliar o professor a planejar sua prática pedagógica de forma que esta seja coerente e desafiadora, a fim de estimular novas aprendizagens. No que diz respeito ao diagnóstico da prática pedagógica do professor, essa verificação possui o intuito de inovar as práticas já constituídas e possibilitar a inserção de práticas voltadas à humanização – que viabilizem experiências de vida social, de comunicação e de trocas colaborativas entre as crianças.

Dessa forma, buscamos contextualizar o processo de formação do professor da educação infantil no Brasil a fim de contribuir com o seu trabalho cotidiano, de forma que leve em consideração as singularidades e respeite as especificidades que a faixa etária desse nível de ensino exige.

Destacamos ainda a dimensão da pesquisa como um dos elementos na formação do professor da educação infantil, em busca de uma atuação pedagógica planejada e mais articulada às especificidades do cotidiano desse nível de ensino. Para ilustrá-la, repetimos aqui a indagação de Pimenta (2005, p. 11):

> Até que ponto é possível ao professor fazer pesquisa em sua atividade docente?". Não pretendemos, nesta obra, responder a essa problemática, contudo, aderimos à ideia de que a formação é contínua e "não se reduz a aplicação de modelos preestabelecidos, mas que, ao contrário, é construída na prática dos sujeitos-professores historicamente situados.

Voltada para esse contexto, esta obra é constituída por quatro capítulos: no primeiro, abordamos a formação de professores da educação infantil, considerando a constituição da imagem do professor em nosso contexto histórico; no segundo, apresentamos as concepções de infância e também alguns aspectos dos pressupostos da aprendizagem e do desenvolvimento da criança; no terceiro, focalizamos a organização dos conteúdos, tempos e espaços na atuação do professor na educação infantil; e, por fim, no quarto capítulo, indicamos possibilidades de investigação na educação infantil.

Reiteramos que a nossa intenção aqui não é fornecer respostas, e sim semear a seguinte indagação: De que forma a atividade de realizar diagnósticos para verificar os conhecimentos que já foram construídos pela criança tem contribuído para o professor planejar sua prática pedagógica de forma a estimular novas aprendizagens? Esperamos que na busca da resposta a essa pergunta, você possa desempenhar o seu trabalho de forma a promover uma diferença efetiva no desenvolvimento das crianças na educação infantil.

Organização didático-pedagógica

Esta seção tem a finalidade de apresentar os recursos de aprendizagem utilizados no decorrer da obra, de modo a evidenciar os aspectos didático-pedagógicos que nortearam o planejamento do material e como você pode tirar o melhor proveito dos conteúdos para seu aprendizado.

Introdução do capítulo

Logo na abertura do capítulo, você é informado a respeito dos conteúdos que nele serão abordados, bem como dos objetivos que o autor pretende alcançar.

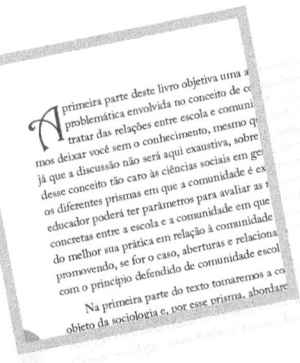

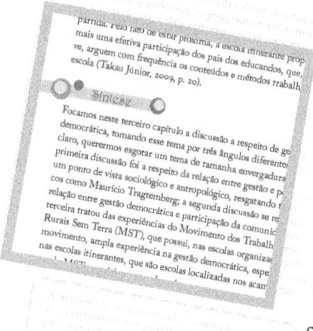

Síntese

Você conta nesta seção com um recurso que o instiga a fazer uma reflexão sobre os conteúdos estudados, de modo a contribuir para que as conclusões a que você chegou sejam reafirmadas ou redefinidas.

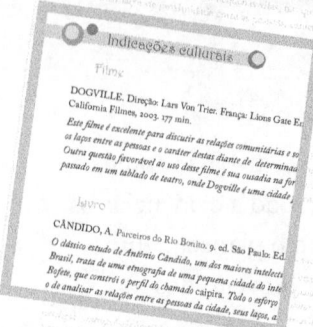

Indicações culturais

Ao final do capítulo, a autora lhe oferece algumas indicações de livros, filmes ou *sites* que podem ajudá-lo a refletir sobre os conteúdos estudados e permitir o aprofundamento em seu processo de aprendizagem.

Atividades de autoavaliação

Com estas questões objetivas, você mesmo tem a oportunidade de verificar o grau de assimilação dos conceitos examinados, motivando-se a progredir em seus estudos e a preparar-se para outras atividades avaliativas.

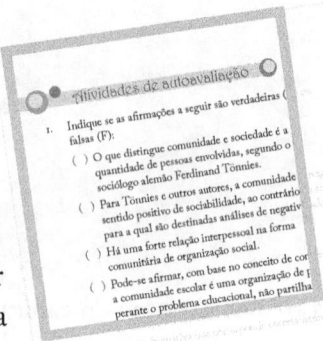

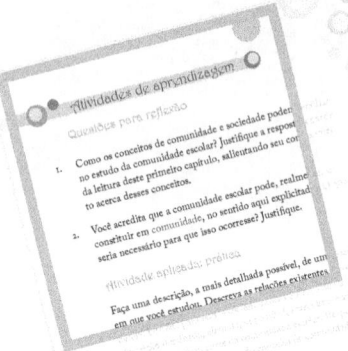

Atividades de aprendizagem

Aqui, você dispõe de questões cujo objetivo é levá-lo a analisar criticamente determinado assunto e integrar conhecimentos teóricos e práticos.

Bibliografia comentada

Nesta seção, você encontra comentários acerca de algumas obras de referência para o estudo dos temas examinados.

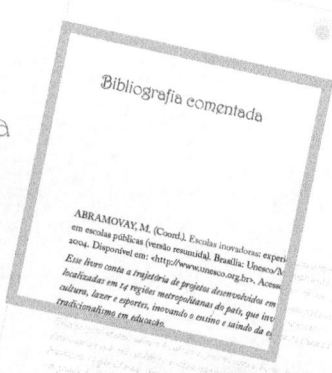

Introdução

Esta obra concebe a educação infantil como um espaço para o ato educativo intencional, que propicie às crianças o direito à infância, de forma que o processo de humanização seja enriquecido com experiências de vida social – por meio de atividades coletivas lúdicas, práticas e plásticas –, as quais possibilitam a comunicação e as trocas colaborativas entre crianças e, também, entre estas e os adultos.

Tomando como base os fundamentos da teoria histórico-cultural (Vygotsky, 1991, 1998, 2009 e 2010), anunciamos oposição a todas as formas de aceleração artificial do desenvolvimento da criança. Mello (2007, p. 99) afirma que, na educação infantil, precisamos

> Olhar a infância do ponto de vista da formação por etapas da consciência e da personalidade humana madura, olhar o processo de humanização como processo de educação e olhar a escola da infância como o espaço do encontro de muitas crianças – de mesma e de diferentes idades –, e como o lugar de organização intencional por parte dos professores e professoras para a apropriação máxima, por cada criança, das máximas qualidades humanas formadas histórica e socialmente.

Ressaltamos que há a necessidade urgente de se fazer os seguintes questionamentos: Como as crianças aprendem na educação infantil? Como acontece o processo de humanização nessa fase do ensino? Qual o papel do professor e das crianças no processo de conhecimento nessa fase? Quais os conceitos de criança, de infância e de escola nessa etapa da educação? (Mello, 2007).

Nessa perspectiva, julgamos essencial uma formação que possibilite ao professor de crianças de 0 a 5 anos dominar os instrumentos teórico-práticos necessários ao desempenho competente de suas funções, de forma que o acesso ao conhecimento elaborado possa propiciar sua transformação, bem como da realidade que o cerca.

Assim, julgamos necessária a formação docente continuada por meio do acesso do professor aos conhecimentos teóricos fundamentais à compreensão de sua prática, os quais são elementos capazes de fornecer as competências necessárias para que esse profissional constitua seus conhecimentos e suas ações tendo como base um processo dialético de novos conhecimentos e novas ações educativas.

1

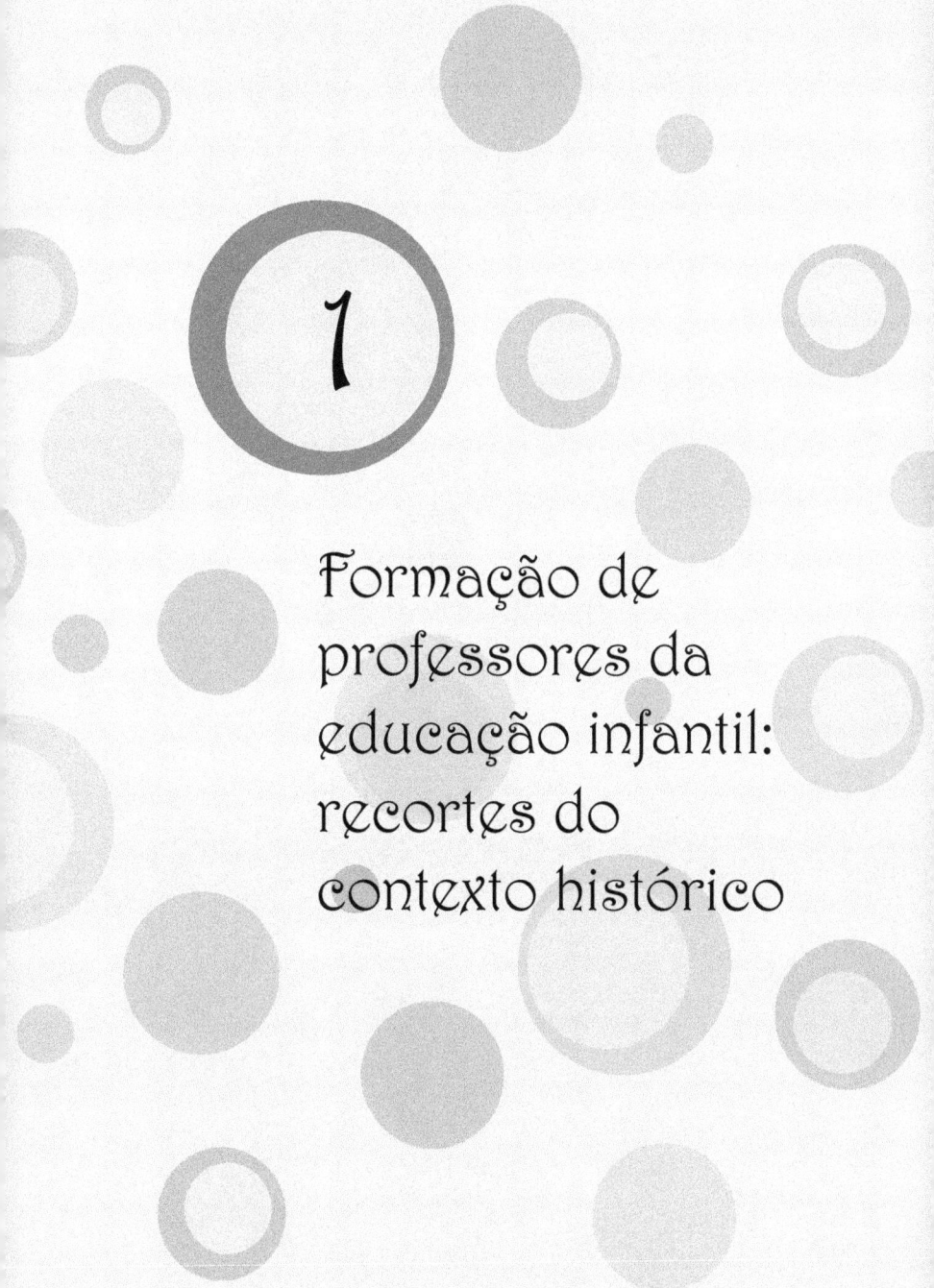

Formação de professores da educação infantil: recortes do contexto histórico

Neste capítulo, desejamos refletir sobre a formação do professor* de educação infantil, que atua ou irá atuar com crianças de 0 a 5 anos e 11 meses**. Discutiremos a construção histórica da formação do adulto responsável pela educação da criança na primeira infância (que compreende a faixa etária citada anteriormente). Por essa razão, abordamos aqui alguns dos elementos que determinaram e determinam essa formação.

É comum que, ao elencarem as características que consideram mais importantes em um professor que trabalha com crianças de 0 a 5 anos, as pessoas citem, por exemplo, "gostar de criança", "ser cuidadoso", "ter paciência" etc. No entanto, essas características, apesar de positivas, não devem ser o eixo central que norteia o desempenho docente na educação infantil.

- - - - - - - - - -

* Optamos por utilizar preferencialmente a palavra *professor* em todos os capítulos desta obra, no entanto, sabemos que *educador* tem sido o termo mais usado para diferenciar as especificidades desse nível de ensino.

** De acordo com a Resolução nº 1, de 14 de janeiro de 2010 (Brasil, 2010), a data de corte para ingresso no ensino fundamental, definida pelo Conselho Nacional de Educação, é até 31 de março do ano em que a criança completar 6 anos. Assim, a faixa etária passa a ser de 0 a 5 anos para 0 a 5 anos e 11 meses.

Justamente por sabermos que a infância é uma fase complexa, um período de extrema importância para o "desenvolvimento integral da criança até 6 anos de idade, em seus aspectos físico, psicológico, intelectual e social, complementando a ação da família e da comunidade" – como coloca o art. 29 da Lei nº 9.394, de 20 de dezembro de 1996 (Brasil, 1996) –, é que afirmamos a necessidade de uma formação que vá além do "gostar" e do "cuidar". Defendemos, assim, uma formação teórica sólida e articulada à prática.

Considerando que, nesse período da infância, o potencial de aprendizado do ser humano é, especialmente, mais amplo, ele deve ser ainda mais estimulado. Assim, torna-se possível compreender como o trabalho do professor promoverá uma diferença efetiva no desenvolvimento da criança.

Precisamos conhecer a constituição histórica do professor da educação infantil para compreendermos as determinações sociais e as concepções sobre as características e o perfil desse professor ontem e hoje, pois somente assim entenderemos quais os impactos dessa história nos centros de educação infantil em funcionamento atualmente.*

1.1 Imagens do professor da educação infantil

Historicamente, existem diversas formas de nomear o professor da educação infantil, podendo este ser chamado de *educador* ou mesmo *professor*. O termo *educador* é mais utilizado nas creches, pois a faixa etária de 0 a 3 anos é a fase em que os cuidados com a criança são muito intensos, parecendo se sobrepor ao ato de educar. Contudo,

---

* Para isso, fundamentamos este capítulo em dados das pesquisas de Arce (2001a; 2001b), Arroyo (1994), Ostetto (2005), Kramer (2005), Cortelazzo e Romanowski (2008) e nas sínteses de Bellardo (2009).

isso é um equívoco, pois os atos de cuidar e de educar são indissociáveis. Assim, esse educador deverá possuir formação teórica sólida para planejar momentos educativos intencionais que possibilitem o desenvolvimento integral da criança em seus aspectos físico, psicológico, intelectual e social, tanto na creche como na pré-escola.

Nesse sentido, nos Referenciais para a Formação de Professores (RFP) de 1998 (Brasil, 1998b), assim como na proposta de diretrizes para formação inicial de professores da educação básica de 2000 (Brasil, 2000) e no Parecer nº 9, de 8 de maio de 2001 (Brasil, 2001), confere-se o nome de *professor* a quem "trabalha diretamente com crianças, jovens e adultos em instituições responsáveis pela educação infantil e ensino fundamental", citado no trabalho de Bonetti (2006, p. 4). Conforme esse autor, a tônica dos três documentos é a profissionalização. Assim, é comum ouvirmos o termo *professor* seguido do nível de ensino, por exemplo, *professor de educação infantil* e *professor de ensino fundamental*.

> O estereótipo mais presente quando abordamos a figura do professor que atua na educação infantil é, em primeiro lugar, a imagem da "meia mãe" ou "mãe substituta".

O estereótipo mais presente quando abordamos a figura do professor que atua na educação infantil é, em primeiro lugar, a imagem da "meia mãe" ou "mãe substituta". Esse estereótipo nasceu da intenção em substituir a mãe biológica, que nos tempos atuais não pode se dedicar exclusivamente ao cuidado da criança por vários motivos, sendo o mais comum a necessidade do trabalho, uma vez que ela teve de assumir um outro papel no mercado de trabalho. Assim, quem passa a cuidar dessa criança é visto como uma meia mãe ou como uma mãe substituta, por isso, é muito comum denominarem a professora que atua na educação infantil de *tia*.

Esse estereótipo herdou as marcas do trabalho de Friedrich Froebel*, que foi considerado por muitos educadores o mais completo reformador educacional do século XIX. Ele foi discípulo de Johann Heinrich Pestalozzi (1746-1827), educador suíço que acreditava que os sentimentos tinham poder de despertar o processo de aprendizagem autônoma na criança. Pestalozzi exerceu grande influência no pensamento educacional, foi grande partidário da educação pública e um dos pioneiros da pedagogia moderna.

Em 1837, Froebel inaugurou uma escola para crianças pequenas e, depois de muita dificuldade para dar-lhe um bom nome, chamou-a de *jardim das crianças*, ou seja, *jardim da infância*. Dando sequência às suas atividades como educador, abriu novos jardins de infância nos anos seguintes.

Froebel, citado por Arce (2001a), considerava que, sem a educação infantil, a formação da criança seria grandemente prejudicada, ideia aceita pela maioria dos teóricos da educação que surgiram após ele. Esse educador também gostava de utilizar brincadeiras criativas que facilitassem o aprendizado infantil.

Para definir a imagem do professor da educação infantil, Froebel utilizou a figura mítica da "rainha do lar", nomeando-a de *jardineira* – aquela que cuida das crianças como quem cultiva as flores de um jardim –, a qual cumpre o papel de mãe substituta. Preocupado com a formação das "jardineiras", criou manuais de orientação mesclando conhecimentos da psicologia e da religião para ajudar as mães e jardineiras a perceberem as delícias e a importância do seu dever maternal (Arce, 2001a).

Arce (2001a), ao apresentar os resultados de suas pesquisas sobre a formação dos professores da educação infantil, retrata a existência

---

* Friedrich Froebel (1782-1852) foi um dos primeiros educadores a considerar o início da infância como uma fase importante na formação humana. Criou, em 1837, o primeiro jardim de infância.

do mito da mulher como educadora nata. O termo *nata* significa "origem", ou seja, uma capacidade que já nasceu com a pessoa, sem a necessidade de formação, quase um "dom divino". A autora utiliza o termo *mito* porque, historicamente, coube a mulher esse papel de educar as crianças. A atribuição dos papéis de cuidar e de educar as crianças teve início no século XVIII, ideia que se perpetuou e permanece ainda hoje, no século XXI.

Nos dias atuais, dificilmente encontramos a presença de professores do sexo masculino no trabalho com crianças de 0 a 6 anos, sendo comum a educação dessas crianças ser destinada às mulheres. Os poucos professores do sexo masculino, quando há, são somente professores de aulas complementares, como música, educação física etc.

Podemos observar que houve, e ainda há, em muitas regiões do Brasil, a ideia de que pertencer ao sexo feminino é um dos pré-requisitos para se tornar professor da educação infantil. Essa determinação de gênero parte da crença de que é preciso ser mulher para ser "professora".

- *Nesse contexto, indagamos: Quem é a "tia"?*

Se você pensou naquele parente mais próximo da mãe, acertou. Há nessa relação um vínculo de afetividade, o qual sugere proximidade e cuidado com a criança. Na tentativa de amenizar o distanciamento entre a criança e sua mãe, criou-se a figura da tia, razão porque a imagem da mãe ainda é tão presente quando se fala na atuação dos professores da educação infantil.

Nessa perspectiva, a denominação *tia* para se referir à professora se tornou comum, e esse termo é utilizado com certa frequência ainda nos dias de hoje. Portanto, quando chamamos uma professora de *tia*, estamos reforçando a ideia da mãe como ideal de educação e cuidado, pois a "tia" (professora) é a parenta mais próxima capaz de substituir a mãe sem romper com os laços maternais. Dessa forma, descaracteriza-se o ato educativo intencional, o qual deve ser exercido pela professora.

Outro equívoco está na ideia de que o mais importante no trabalho com a criança pequena é "gostar" de criança, ideia que perdurou por muito tempo. A ênfase no "gostar" de crianças foi elemento decisivo na seleção de pessoas para trabalhar com esse público e também nos programas de formação dos professores destinados à educação infantil, sendo essa uma resposta muito ouvida no questionamento sobre o por que da escolha do curso de Pedagogia.

Com certeza, consideramos essencial o professor gostar do que faz, pois sabemos que, conforme afirma Esteve (1992), o mal-estar docente pode levar à perda de qualidade na educação. Também compreendemos que o gosto pela escola/educação é crucial para o desenvolvimento das relações positivas ou negativas que posteriormente os alunos passam a estabelecer com o conhecimento e com os outros valores relacionados à atividade docente (Catani; Bueno; Sousa, 2000). Contudo, quando mencionamos o "gostar de criança" como pré-requisito para ser professor da educação infantil, referimo-nos àquela avaliação do senso comum, desprovida de preocupação com a formação científica desse profissional para o ato educativo intencional.

Agindo dessa forma, acreditava-se que haveria uma compensação, no sentido de que, ainda que a criança não estivesse bem, ela seria bem tratada por uma pessoa cuidadosa, gentil e afável como uma mãe.

Historicamente, como já vimos anteriormente, podemos constatar que ficou destinada à mulher a educação da criança de 0 a 6 anos. Como à mulher, na época, estavam reservados os cuidados do lar e dos filhos, a atividade de cuidar de uma criança pequena não era valorizada, pois não era vista como um trabalho que tivesse relevância social. Em decorrência disso, pela mulher, na época, não pertencer ao grupo de pessoas que possuíam um papel social mais evidente, cabia a ela esse papel. Só muito recentemente se efetivou a conquista do espaço da mulher, de direito social, de direito ao trabalho etc.

Portanto, no século XVIII, coube à mãe cuidar da educação da criança pequena, pois as mulheres, na época, também não tinham uma grande expressão social. Essa atribuição ter ocorrido no século XVIII é compreensível, em função do contexto. O que indagamos é o fato de, até os dias atuais, o cuidado da criança ainda ser destinado somente à mulher.

Houve muitas mudanças e inúmeros avanços na educação infantil, especialmente na segunda metade do século XX e no início do século XXI. Por volta de 1910, escolas primárias foram criadas pelos anarquistas, também chamadas de *escolas modernas* ou de *escolas racionalistas*, voltadas somente para crianças, podendo estas ser filhos de operários ou ter outra origem social, como os filhos de profissionais liberais, de intelectuais ou de quem apresentasse interesse por uma nova educação. Xavier et al. (1994) relata que, nessas escolas, pessoas de diversas origens e situações sociais atuavam como professores, muitas delas com grande consciência política, tendo preocupações com os aspectos educacionais vinculados ao processo de transformação da sociedade em questão e com uma sociedade voltada às necessidades propriamente humanas.

Sob a responsabilidade do Estado, em 1919 foi criado o Departamento da Criança no Brasil. Seu trabalho era estimular iniciativas de auxílio à criança e à mulher grávida de baixa renda, divulgar histórico sobre a proteção da infância, tornando uniformes estatísticas brasileiras de mortalidade infantil, entre outros. Porém, o Estado não cumpriu a sua parte, e esse departamento teve de se manter por meio de doações.

> Nos anos 1960 e meados dos anos 1970, ocorreu uma inovação nas políticas sociais referentes à educação e às áreas de saúde, assistência social, previdência, entre outras. O nível básico da educação tornou-se obrigatório e gratuito, passando a constar na Constituição Federal. Em 1971, os municípios passaram a ser responsáveis pela educação fundamental. Visando suprir as carências culturais na educação familiar da classe baixa, surgiu a educação pré-escolar, também chamada de *educação compensatória*, voltada para crianças de 4 a 6 anos, o que fez diminuir a evasão escolar e a repetência no primeiro grau em 1971. Ocorriam, então, as carências culturais, pois os pais que não tiveram chance de estudar não conseguiam acompanhar o estudo de seus filhos. Segundo Oliveira et al. (2002), as pré-escolas particulares dessa época tornaram-se cada vez mais numerosas e adotaram como justificativa para seu trabalho o desenvolvimento da criatividade, da sociabilidade, enfim, o desenvolvimento infantil como um todo.

A educação convivia com a falta de alimentação da criança e a carência na saúde, assim, a maioria das creches públicas oferecia atendimento assistencialista, suprindo essas necessidades. Enquanto isso, a creche privada trabalhava outros aspectos da criança, como o emocional, o social e o cognitivo.

> Podemos observar, então, que a história do atendimento às crianças no Brasil é marcada pelas "desigualdades de uma sociedade estratificada, que viveu mais de três séculos de escravidão, a história das crianças esteve à sombra dos adultos" (Kramer, 2005, p. 207).

Nos anos 1980, a ausência de coordenação entre os programas de educação e de saúde, a falta de professores qualificados e o descaso da família e da sociedade se tornaram problemas da educação pré-escolar. Nesse contexto, o advento da Constituição de 1988 colocou a pré-escola como necessidade e direito de todos, integrando-a ao sistema de ensino e incluindo-a na política educacional, numa concepção pedagógica que complementa a ação da família, sendo dever do Estado e direito da criança.

Nesse momento, a criança passou a ser vista, legalmente, como um ser social, independentemente de sua cultura ou classe social, não sendo mais da escola a responsabilidade de resolver a miséria. No entanto, alguns problemas eram enfrentados pelos municípios, que não recebiam as verbas necessárias para a educação, o que favorecia as escolas privadas, enquanto a educação gratuita perdia a qualidade.

> Na Lei de Diretrizes e Bases da Educação Nacional (LDBEN), Lei nº 9.394, de 20 de dezembro de 1996, a inclusão da educação infantil na educação básica e a determinação de que é obrigatório que o professor, de qualquer nível de ensino, tenha a formação superior (Brasil, 1996) são fatos destacados como agentes de mudanças fundamentais.

As Diretrizes Curriculares Nacionais para a Educação Infantil – DCNEI (Brasil, 1998a) contribuíram para que essa fase da educação ganhasse seu espaço e fosse encarada como um ambiente educativo tão importante quanto as outras modalidades de ensino. Supomos uma mudança na visão política e legal da educação infantil, pois são as DCNEI, em seu art. 2º, que norteiam os estabelecimentos de educação infantil para a "organização, articulação, desenvolvimento e avaliação de suas propostas pedagógicas" (Brasil, 1998a, p. 17). Nesse mesmo ano, tivemos a publicação dos Referenciais Curriculares Nacionais para a Educação Infantil (RCNEI), os quais visam melhorar a qualidade de ensino e encontrar soluções no atendimento à criança pequena (Brasil, 1998c; 1998d).

Nesse mesmo contexto, podemos mencionar as propostas do Plano Nacional de Educação (PNE), Lei nº 10.172, de 9 de janeiro de 2001, (Brasil, 2001) o qual tem como meta para a educação infantil que esta passe a atender crianças de até 5 anos de idade, pois, até 2010, todas as crianças com 6 anos de idade devem estar obrigatoriamente matriculadas, na rede pública ou privada, no ensino fundamental, o qual passa de 8 para 9 anos letivos. O objetivo dessa ampliação foi oportunizar à criança mais tempo no espaço escolar, ampliando qualitativamente seus conhecimentos. Podemos mencionar ainda o recente Parecer CNE/CEB nº 20, de 11 de novembro de 2009, que dá a revisão das DCNEI (Brasil, 2009b).

> Nessa perspectiva, podemos constatar que a educação infantil no Brasil ainda é um nível de ensino de menor *status*, se comparado aos outros níveis da educação básica.

Como vimos, muitas foram as transformações ocorridas ao longo dos anos em benefício da educação infantil, no entanto, no que se refere à formação e à valorização do professor desse nível de ensino, ainda há muito o que se conquistar.

Nessa perspectiva, podemos constatar que a educação infantil no Brasil ainda é um nível de ensino de menor *status*, se comparado aos outros níveis da educação básica. Assim, ao analisarmos os motivos que levaram à inserção da mulher na educação infantil, podemos perceber que, quanto menor o nível de ensino, menos valorizado socialmente ele é, esse aspecto é comprovado ao observar-se o salário inferior ofertado a esses profissionais. Podemos perceber que a presença de professores do sexo masculino é maior conforme o nível se eleva, numa escala descendente:

> Educação superior ·····▶ ensino médio ·····▶ ensino fundamental ·····▶ educação infantil.

A educação infantil exige um profissional tão bem preparado quanto o profissional do ensino superior, porém, devido à desvalorização histórica e cultural, essa profissão não é tão estimada quanto a de um professor universitário. Enfatizamos a necessidade de uma formação sólida, de consistência teórica profunda, para atender aos requisitos que envolvem o trabalho docente na educação infantil, a qual envolve a compreensão de todo processo de desenvolvimento infantil articulada à complexa tarefa de organização de cada atividade, da rotina, dos objetos, entre outros. Nesse sentido, o trabalho cotidiano com a criança exige do professor fundamentação teórica para planejar com eficiência todas as ações educativas. É um equívoco pensar que, para atuar na educação infantil, é possível ter uma formação mais superficial e mais frágil.

Seguindo essa linha de pensamento, indagamos:

- *Qual a identidade do professor que atua na educação infantil?*

Ainda é muito comum que esses profissionais não sejam vistos como professores ou como educadores, mas como *tias, meninas, atendentes, auxiliares, cuidadoras, assistentes, babás* etc. Enfim, há diferentes denominações para os profissionais desse nível de ensino e, raramente, vamos encontrar nos espaços da educação infantil pessoas se reportando a eles adequadamente – como professores e educadores, o que de fato são.

1.2. Novas lentes na identidade do professor da educação infantil

Defendemos a valorização de todos os professores que atuam na creche ou na pré-escola, mesmo quando estes ainda não possuem a formação docente, pois mesmo assim exercem a função de professor. Cabe à instituição mantenedora organizar processos de formação

> Defendemos a valorização de todos os professores que atuam na creche ou na pré-escola, mesmo quando estes ainda não possuem a formação docente, pois mesmo assim exercem a função de professor.

continuada e estimular esses profissionais para que busquem a formação inicial voltada ao magistério, ao trabalho pedagógico. Dizemos isso porque é comum que professores de educação infantil exerçam essa função enquanto ainda estão cursando a graduação. Assim, não é correto dizer que o profissional que não seja formado em pedagogia, ou que não possua o magistério, não é professor, pois, à medida que está atuando nesse espaço, está cumprindo esse papel.

Atualmente a LDBEN/1996 menciona a necessidade da formação pedagógica para a atuação na educação infantil, no entanto, ainda há muitos lugares do país onde profissionais sem a formação mínima para esse nível de ensino atuam. Podemos caracterizá-los como profissionais leigos, os quais necessitam de algum processo de formação continuada para, assim, serem respeitados e valorizados como educadores.

Cleverson Bestel

> Precisamos pensar a formação do professor num sentido mais amplo, mais pedagógico, a qual seja capaz de nortear propostas pedagógicas que visem ao desenvolvimento integral da criança. O perfil do professor que atuará nesse espaço de educação infantil, assim como a qualidade de sua qualificação, delineia-se de acordo com a criança que se deseja formar.

Quando socialmente não valorizamos, não reconhecemos e não estimulamos o processo de formação do professor da educação infantil, estamos também deixando de buscar a formação integral da criança atendida por esse professor. Sendo, portanto, uma questão preocupante quando pensamos em que tipo de crianças estamos formando. Por essa razão, é imprescindível a construção de um projeto pedagógico consistente para educação infantil.

Conforme Arroyo (1994), a infância tem um sentido próprio nesse momento de vida, possui questões que serão vividas apenas naquele momento e processos de desenvolvimento que acontecerão de forma plena somente naquele instante. Não que o desenvolvimento não se dê posteriormente, no entanto, é o momento da criança desenvolver plenamente determinadas funções com maior intensidade. Diante das afirmações de Arroyo (1994), podemos concluir que a infância não é uma fase em função de outra, pois ela não se justifica no sentido de ser, meramente, base para a adolescência ou a vida adulta – a fase seguinte é outra fase.

> Quando socialmente não valorizamos, não reconhecemos e não estimulamos o processo de formação do professor da educação infantil, estamos também deixando de buscar a formação integral da criança atendida por esse professor.

Com o conhecimento dos registros históricos sobre o papel da mulher nos séculos passados e a relação dessa mulher-mãe com a criança, passamos a compreender a razão para que tais concepções e costumes perdurem até os dias atuais, bem como a dimensão do quanto já avançamos. Nesse sentido, podemos nos perguntar:

- *Qual era o papel reservado à mãe? Qual era a relação da mãe com a criança?*

Embora isso possa parecer um tanto estranho para nós, hoje, a mãe do século XV e XVI era uma mãe que mantinha, inicialmente, uma relação "distante" com a criança, com o objetivo de não criar vínculos afetivos, considerando a alta taxa de mortalidade infantil daquela época. Em determinadas fases da história, essa mortalidade chegou a 80%, por isso, pouquíssimas crianças sobreviviam aos anos iniciais. As mortes excessivas eram causadas, principalmente, pela falta de avanços na medicina e de cuidados com a higiene.

Diante disso, a mãe acabava assumindo um papel indiferente, pois, uma vez que já sabia que havia grandes probabilidades de perder o filho, procurava não criar laços afetivos com ele. Em muitas sociedades, as crianças não eram diferenciadas como meninos e meninas e só recebiam um nome após os 5 anos de idade. Trajavam uma peça de roupa parecida com um vestido longo, de modo que, quando se olhava para elas, pareciam todas iguais. Somente a partir dos 7 anos é que as crianças que haviam sobrevivido a essa fase recebiam uma vestimenta que as diferenciava por sexos e um nome próprio, passando a fazer efetivamente parte da família em que nasceu.

Nos séculos seguintes, a mortalidade infantil diminuiu, devido ao avanço da ciência médica, ao zelo e aos cuidados com a higiene. Com a expectativa de vida do filho gerado, a mãe passou a se relacionar de outra forma com a criança. Passou a exercer a maternidade, tornando-se a "mãe coruja", a mãe atenciosa, a mãe dedicada, pois já não vivia sob a perspectiva de perder o filho a qualquer momento.

Outra mudança intensa foi a extinção dos asilos, espaço filantrópico que acolhia e mantinha essa criança pela questão, especificamente, da sobrevivência. Assim, vagarosamente, inicia-se a ideia da criação de espaços pedagógicos, os quais vão além do assistencialismo.

Atualmente, as crianças de 0 a 5 anos e 11 meses têm o direito de ser atendidas em instituições educativas – os centros de educação infantil, que integram as creches e as pré-escolas. Esse novo espaço de atendimento apresenta uma mudança muito grande e importante, pois a criança não está mais no asilo, no abrigo, em um espaço apenas de cuidado, agora ela está num espaço educativo.

> O atendimento da criança em espaços propriamente pedagógicos traz mudanças importantes para o perfil do professor que atuará com essa faixa etária. Hoje, é fundamental que esse professor possua competência técnica por meio de formação científica adequada. Essa formação não foi destinada às mulheres que cuidavam das crianças nos séculos passados, sem a intenção de dizer que essas mulheres não foram competentes.

Mesmo com a criação de espaços propriamente pedagógicos, a presença do mito da mulher como educadora nata foi o eixo norteador que guiou o trabalho das professoras da educação infantil ao longo da história. Arce (2001a), ao abordar as origens do professor da educação infantil, enfatiza três autores que apresentam em suas teorias elementos que nos levam a compreender as influências que marcaram a definição desse professor nos três últimos séculos (XVIII, XIX e XX).

Segundo Arce (2001a), no século XVIII, vamos encontrar Jean-Jacques Rousseau, um filósofo iluminista que discutiu um pouco da formação docente ao apresentar as características que devem permear a função do professor. Já no século XIX, Arce (2001a) cita Froebel, que criou os chamados *jardins de infância* e os guias "maternais" para as educadoras. Froebel adotou nas escolas de educação infantil a ideia da professora como substituta da "rainha do lar", a "jardineira" que atua no *jardim de infância*, a qual tem como papel principal atender às necessidades das crianças com todo amor e carinho, de forma a cultivá-las como uma jardineira faz com as flores em seu jardim, a fim de que se aflorem as tendências naturais do ser humano. Mesmo assim, ainda permanece o mito da mulher como educadora nata, aquela que, na ausência da mãe, exerce as funções desta. Froebel trouxe um avanço no que se refere à criança, mas esse avanço não se expressou na formação desse profissional.

Jean-Jacques Rousseau

Marcelo Lopes

Ainda segundo Arce (2001a), no início do século XX, Maria Montessori traz uma aparente cientificidade nessa formação, embora não avance no que diz respeito à questão do mito da mãe educadora nata. Essa autora insere elementos da psicologia na formação do professor de forma rudimentar e fragmentada, criando guias para nortear a ação dos profissionais da educação infantil; contudo, esses profissionais continuaram sendo vistos como *mães* (Arce, 2001a).

> Sabemos que à mulher foi destinada a ser a responsabilidade pelos cuidados da criança porque a concepção de criança, no contexto histórico do século XX, era a de um ser incompleto, inacabado, cujo desenvolvimento viria naturalmente. Assim, inferimos que, se nessa época houvesse o conhecimento da importância do desenvolvimento das funções psíquicas superiores nessa determinada fase da vida, sem dúvida alguma não teriam deixado essa responsabilidade para a mulher, pois, socialmente, a mulher não era valorizada (Bellardo, 2009).

É recente a valorização da mulher como professora, como sujeito de direitos, capaz e com todas as condições que qualquer outro ser humano possui, independentemente de gênero. Isso remonta ao período da Revolução Industrial, época em que ocorreram mudanças socioeconômicas que causaram transformações na organização familiar e, inclusive, no papel da mulher na sociedade. Dessa forma, a mulher que tinha como funções exclusivas os afazeres domésticos e a criação dos filhos, agora assume deveres no mercado de trabalho.

Entretanto, mesmo que a educação infantil não seja um nível de ensino obrigatório, podemos observar avanços na valorização da inserção da criança mais cedo no ambiente escolar. Com isso, podemos afirmar a importância desse nível de ensino na constituição do indivíduo – pouco a pouco, o caráter assistencialista se perde e ganha um caráter educativo, preocupado com a formação da criança na principal fase do desenvolvimento humano: a infância.

Apesar de as políticas públicas para a educação infantil serem ainda insuficientes e restritas, observamos que, em comparação ao

> Apesar de as políticas públicas para a educação infantil serem ainda insuficientes e restritas, observamos que, em comparação ao "nada" que possuíamos, houve avanços qualitativos.

"nada" que possuíamos, houve avanços qualitativos. Agora, buscamos intensamente a mudança de concepção do papel e da função do professor da educação infantil, intentando uma formação de qualidade e a valorização do ato educativo intencional.

Sobre a caracterização da imagem do professor da educação infantil, Arce (2001a) nos alerta para a necessidade de ampliar os estudos sobre o processo de naturalização dessa fase, que resulta na descaracterização do papel do professor e na secundarização do ensino, além da necessidade de adotarmos a psicologia do desenvolvimento, em suas vertentes organicistas, como guia central do professor de crianças de 0 a 6 anos.

Ostetto (2005), ao afirmar que o planejamento marca a intencionalidade do processo educativo, deixa claro o quanto a formação docente de qualidade é necessária para o professor que atua na educação infantil, pois se trata de uma ação que vai além da intenção, tornando-se instrumento orientador do trabalho docente. Nesse contexto, somente uma formação inicial e continuada de qualidade atingirá esse patamar.

O perfil do professor de educação infantil que hoje se busca construir é o de um profissional que possua conhecimento teórico e seja capaz de mediar intencionalmente o processo educativo, ajudando a escola a cumprir o seu papel de local de formação de conceitos científicos. A ação correspondente a essa imagem será a capacidade de indagação, de criticidade, de disciplina, de relacionar teoria e prática e de estimular o desenvolvimento da criança.

Partindo do pressuposto de que a ação educativa deve estar relacionada e preocupada com a formação docente de qualidade, verificaremos no próximo capítulo a importância da prática da pesquisa como elemento de formação do professor da educação infantil.

Síntese

Com a intensa inserção da mulher no mercado de trabalho, surgiu a educação infantil, a qual assumiu, inicialmente, um caráter assistencialista. O atendimento à educação infantil no Brasil teve sua origem no século XIX, para auxiliar as mães que necessitavam trabalhar, caracterizando-se pelo assistencialismo e pela ênfase no cuidar. No final do século XIX, tiveram início alguns movimentos em prol dos cuidados à criança, como a criação de creches para prestar assistência, de jardins de infância particulares para educar e de maternidades.

Essa característica assistencialista das creches manteve-se no início do século XX, e concepções educacionais voltadas para o desenvolvimento e a aprendizagem das crianças somente passaram a ser adotadas nas décadas finais desse século. Essas mudanças podem ser percebidas em algumas leis que contribuíram para que isso ocorresse, entre as quais se destacam a Constituição de 1988, o Estatuto da Criança e do Adolescente (ECA) de 1990, a LDBEN/1996, as DCNEI de 1998 e, recentemente, o Parecer CNE/CEB nº 20, de 11 de novembro de 2009, o qual dá a revisão das DCNEI (Brasil, 2009b).

O professor da educação infantil foi concebido em muitas culturas como o responsável por substituir a mãe enquanto esta trabalha. Essa concepção criou um estereótipo de professor da educação infantil, cujo perfil ideal seria pertencer ao sexo feminino, "gostar" de crianças, ter "jeitinho" com elas, ser uma pessoa calma e paciente.

Muitos entendem que trabalhar com crianças pequenas requer mais cuidado que educação. Essa concepção desvaloriza o professor da educação infantil, pois ele estará mais voltado ao cuidar do que ao educar, o que é um erro, já que o cuidar e o educar são indissociáveis em qualquer época da educação. Existem ainda profissionais da educação que julgam que a atuação do professor da educação infantil é algo mais simples, que pode ser realizado sem dificuldades, pois acham que não há obrigação de apresentar "as provas" do conhecimento sistematizado, como nos anos iniciais do ensino fundamental. Esse discurso é preocupante, pois denota a não compreensão do trabalho na educação infantil como ato educativo intencional, o qual requer estudo e planejamento por parte do professor.

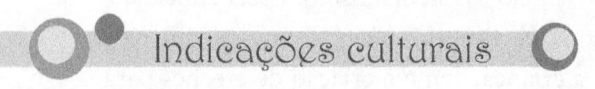

Indicações culturais

Artigos

ARCE, A. Documentação oficial e o mito da educadora nata na educação infantil. Cadernos de Pesquisa, São Paulo, n. 113, jul. 2001. Disponível em: <http://www.scielo.br/scielo.php?script=sci_arttext&pid=S0100-15742001000200009&lng=en&nrm=iso>. Acesso em: 6 jun. 2011.

Esse texto descreve a trajetória e as conclusões da pesquisa, cujo objeto de estudo é o profissional que atua na educação infantil no Brasil.

BONETTI, N. O professor de educação infantil um profissional da educação básica: e sua especificidade? In: Reunião Anual da Associação Nacional de Pós-graduação e Pesquisa em Educação (ANPED) – Educação, Cultura e Conhecimento na Contemporaneidade: desafios e compromissos. anais 29., 2006, Caxambu-MG. Disponível em: <http://www.anped.org.br/reunioes/29ra/trabalhos/trabalho/GT07-1779—Int.pdf>. Acesso em: 12 nov. 2010.

Esse texto é o resultado de uma pesquisa que buscou verificar se a especificidade da docência na educação infantil é reconhecida, e como esta é tratada no âmbito dos documentos que abordam a formação de professores para a educação básica e que foram elaborados após a LDBEN/1996 pelo Ministério da Educação (MEC).

KISHIMOTO, T. M. Política de formação profissional para a educação infantil: pedagogia e normal superior. Educação e Sociedade, Campinas, v. 20, n. 68, dez. 1999. Disponível em: <http://www.scielo.br/scielo.php?script=sci_arttext&pid=S0101-73301999000300004&lng=pt&nrm=iso>. Acesso em: 20 nov. 2010.

Esse artigo trata da política de formação profissional para a educação infantil dos anos 1990, configurada pelos cursos de Pedagogia e Normal Superior.

Sites

BRASIL. Ministério da Educação. Secretaria de Educação Básica. Publicações. Educação Infantil. Disponível em: <http://portal.mec.gov.br/index.php?option=com_content&view=article&id=12579%3Aeducacaoinfantil&Itemid=859>. Acesso em: 6 jun. 2011.

Nesse site, *acesse as edições da Revista Criança e o Programa de Formação Inicial para Professores em Exercício na Educação Infantil – Proinfantil. Essas revistas apresentam artigos que podem auxiliar o docente em seu trabalho pedagógico. O* site *ainda contém informações oficiais sobre educação.*

FUNDAÇÃO ORSA/UNESCO. Fontes para a educação infantil. Disponível em: <http://www.fonteseducacaoinfantil.org.br>. Acesso em: 6 jun. 2011.

Versão on-line *do livro "Fontes para a educação infantil", esse* site *fornece informações de instituições que lidam com a educação infantil no país.*

REVISTA DO PROFESSOR. Rio Pardo: Cpoec. Disponível em: <http://www.revistadoprofessor.com.br>. Acesso em: 6 jun. 2011.

Esse site *reúne artigos sobre a prática pedagógica na educação infantil. Para ter acesso aos textos, é necessário efetuar cadastro.*

Atividades de autoavaliação

1. Nesse primeiro capítulo, abordamos os apontamentos das pesquisas de Arce (2001a) sobre a imagem que se tem das mulheres como seres passivos e capacitados naturalmente para educar, criar, cuidar e amar. Assinale a alternativa que indica o que essa imagem traz como consequência aos profissionais desse nível de ensino:

    a) Os salários mais baixos, a comparação de suas funções com trabalhos domésticos em geral e a formação frágil.

b) A consolidação de um plano de carreira e de salário e o reconhecimento profissional.

c) A formação de um grupo com identidade e prestígio social, além de uma formação teórica sólida e consistente.

d) O reconhecimento social e profissional e o sentimento de gratidão das crianças e de seus familiares.

2. Ao trabalhar com a constituição histórica da imagem do profissional de educação infantil, Arce (2001a) mostra que essa imagem "tem estado fortemente impregnada do mito da maternidade, da mulher como rainha do lar, educadora nata, cujo papel educativo associa-se necessariamente ao ambiente doméstico". O que essa imagem revela acerca da educação nos primeiros anos de vida (0 a 5 anos e 11 meses)?

a) Que o início da educação de todo o indivíduo deve articular indissociavelmente o cuidar e o educar, com base nos fundamentos da ciência da educação.

b) Que o início da educação das crianças deveria ser naturalmente igualado à maternidade, pois, na falta da mãe, tem-se uma "mãe substituta": a educadora da educação infantil.

c) Que o início da educação de todo indivíduo deveria acontecer após os 6 anos de idade, no ensino fundamental, pois antes disso a criança só precisa brincar.

d) Que o início da educação de todo o indivíduo deve ser marcado por uma formação integral, capaz de desenvolver todas as dimensões da vida humana.

3. Froebel denomina de *jardineira* a responsável pela educação das crianças na primeira infância. A esta, propunha uma formação que mesclava aspectos da psicologia do desenvolvimento com a religião, por meio de manuais que, embora dirigidos às

mães, serviam de guias para o trabalho das jardineiras. Esses guias revelam a concepção de professor (a) presente na obra de Froebel. Assinale a alternativa que descreve essa concepção:

a) Froebel reforça a necessidade de uma sólida formação teórica aos profissionais que atuam na educação infantil.

b) Froebel defende a necessidade de uma formação exclusivamente científica para orientar o trabalho pedagógico com crianças de 0 a 5 anos.

c) Froebel descreve a educadora, comparando-a à mãe, que emocionalmente orienta as crianças e entende seus interesses não como uma profissional.

d) Froebel defende uma formação reflexiva, enfatizando a necessidade de profissionais pesquisadores na educação infantil.

4. De acordo com a leitura do primeiro capítulo, o qual retrata o mito da mulher como educadora nata e responsável pela imagem do profissional que trabalha com crianças de 0 a 5 anos, Arce (2001a) destaca dois aspectos. São eles:

a) Sólida formação teórica dos profissionais da educação infantil e seus salários.

b) Relação entre o cuidar e o educar e desenvolvimento integral da criança de 0 a 5 anos de idade.

c) Afetividade e conhecimento de psicologia.

d) Afinidade das mulheres com a criança e a faixa etária desta.

5. Considerando os avanços alcançados pela educação infantil com a aprovação da atual LDBEN (Brasil, 1996), marque (V) para as alternativas verdadeiras e (F) para as falsas:

( ) Intenção de inserir um aspecto pedagógico-
-educativo à sua prática.

( ) Organização de um trabalho pedagógico que atenda às especificidades da infância.

( ) Preocupação exclusiva com o cuidado e com a assistência à criança.

( ) Valorização dos profissionais que atuam nesse nível de ensino – considerando-os professores e professoras –, os quais devem ter direito à formação inicial e em serviço.

Atividades de aprendizagem

Questões para reflexão

1. Você considera adequado o uso da nomenclatura *tia* para se referir ao profissional que atua na educação infantil? Justifique sua resposta.

2. Quais os aspectos centrais que devem permear a formação do professor de educação infantil?

Atividade aplicada: prática

Faça a leitura do documento *Programa de Formação Inicial para Professores em Exercício na Educação Infantil – Proinfantil*, disponível no *link*: <http://portal.mec.gov.br/index.php?option=com_content&view=article&id=12600%3Apublicacoes-do-proinfantil&catid=195%3Aseb-educacao-basica&Itemid=859>, e registre suas impressões por meio da construção de um mural (utilize imagens e textos com os tópicos centrais). Em seguida, divulgue colocando o mural em sua telessala.

2

Um panorama sobre as concepções de infância e de criança*

....
* Este capítulo tem como base os estudos de Arce (2001a, 2001b), Arroyo (1994), Pozo (2002, 1997), Becker (1993, 2001), Matui (1995), Stoltz (2006, 2008, 2010a, 2010b, 2010c), Piaget (2002), Vygotsky (1991, 1998, 2009, 2010) e nas sínteses de Bellardo (2009).

Neste capítulo, apresentamos as diferentes concepções de *infância* e de *criança* e suas relações com a organização do trabalho pedagógico na educação infantil. Também buscamos oferecer elementos teóricos sobre a aprendizagem e o desenvolvimento das crianças de 0 a 5 anos e 11 meses.

O processo de pesquisa é influenciado pelas concepções de quem a realiza, por isso, é essencial compreender os determinantes da concepção de infância presente nos espaços de educação infantil a serem investigados. Assim, o objetivo é fornecer pressupostos teóricos como guias para a pesquisa na educação infantil, pois essa investigação depende muito do olhar de quem a faz. Partimos, portanto, da seguinte indagação:

> *Será que a infância é a mesma em todos os espaços, em todos os momentos históricos?*

Antes de retratarmos qualquer uma das concepções de infância, ressaltamos a necessidade de se superar a "visão naturalista" dos fatos, uma vez que em educação nada é natural. Quando naturalizamos os fatos, automaticamente, a escola passa a desempenhar o papel de reprodutora, pois, ao enxergarmos uma pessoa – por exemplo, uma determinada criança ou professora – como se fosse naturalmente daquele modo, como se tivesse a sua formação definida naturalmente, contribuímos para que as coisas permaneçam exatamente do jeito que estão (Bellardo, 2009).

Nesse sentido, enfatizamos que o objetivo de fazer pesquisa é justamente possibilitar a indução e o questionamento da realidade da educação infantil. Para isso, é importante passar a enxergar esse nível de ensino de um modo não natural, porque a infância é construída histórica, social e culturalmente.

2.1 Ponderações sobre as concepções de infância e de criança

Existe uma série de elementos que definem e caracterizam a infância e o professor que está atuando na educação infantil. Essa marca precisa estar presente no seu olhar quando realizar a pesquisa, quando olhar a criança, quando conversar com os profissionais. É preciso compreender que a formação de todo sujeito resulta de diferentes contextos históricos e sociais e que, por essa razão, nenhuma condição é natural, seja ela positiva ou negativa. Portanto, não devemos aceitar com naturalidade as descrições que simplesmente mencionam os professores e as crianças "daquela forma", "naquele momento" ou "naquelas condições": é preciso inserir nessa descrição uma análise crítica que compreenda a dinâmica daquele contexto e os seus determinantes.

Encontramos a definição de *infância* dicionarizada da seguinte forma: "sf. 1. Etapa da vida humana que vai do nascimento à puberdade; puerícia, meninice. 2. As crianças. 3. Fig. O primeiro período de existência de uma instituição, sociedade etc." (Ferreira, 2008, p. 476).

Em razão do foco deste trabalho nas ações educativas, enfatizaremos a questão da infância quando esta aparece no Brasil como um momento educativo, um momento pedagógico. Ao buscarmos na legislação educacional, veremos que essa trajetória é bem recente.

Somente na atual Lei de Diretrizes e Bases da Educação Nacional (LDBEN) – Lei nº 9.394, de 20 de dezembro de 1996 (Brasil, 1996) – se estabeleceu pela primeira vez a educação infantil como uma etapa constitutiva da educação básica. Então, se observarmos as diferentes mantenedoras que ofereciam o atendimento à educação infantil, anterior ao ano de 1996, a maioria delas estava vinculada a outras secretarias, e não à Secretaria da Educação. Essa vinculação da educação infantil a outras secretarias era muito comum na década de 1990, especialmente à Secretaria da Criança ou à Secretaria da Assistência Social. Nesse contexto, indagamos, então:

- *Quais as marcas que isso traz para a infância?*

Uma pesquisa interessante é verificar nos municípios a que secretaria a educação infantil estava vinculada no início da década de 1990. A política nacional direcionava esse atendimento e as diferentes secretarias traziam uma marca para a educação infantil: a marca da assistência. A infância era caracterizada, então, como objeto de cuidar, e não como objeto de educar, assim como aconteceu com as propostas de educação compensatórias nas décadas de 1970 e 1980. Com a LDBEN/1996, a educação infantil foi incorporada à educação básica e tivemos, oficialmente, no Brasil, a infância como objeto de educação. A partir dessa legislação, os municípios puderam transferir a educação infantil para a responsabilidade da Secretaria da Educação.

A LDBEN/1996, em seu art. 21, estabelece que a organização do ensino está dividida em dois níveis: a educação básica e o ensino superior. A primeira etapa da educação básica é a educação infantil, depois, temos o ensino fundamental e, por último, o ensino médio.

Reflita com mais atenção sobre o termo *educação básica*. Agora, fazemos o seguinte questionamento:

> *O que você entende por "básico"?*

Básico é aquilo que é indispensável; é o mínimo necessário para que as pessoas se formem como sujeitos cidadãos. Portanto, *básico*, no nosso país, na nossa educação, é ter acesso garantido à educação infantil, ao ensino fundamental e ao ensino médio. Assim, a incorporação como primeira etapa da educação básica constitui-se um grande avanço para a educação infantil, contudo, esse avanço não é o suficiente (Bellardo, 2009).

Embora a educação infantil se coloque como primeira etapa da educação básica, ela não é garantida a todos. Explicamos essa afirmação: o Poder Público, tanto no âmbito municipal quanto estadual e federal, deve ofertar vagas na educação infantil, mas não necessariamente atender a toda demanda, uma vez que o único nível obrigatório da educação básica é o ensino fundamental. Sendo assim, a educação infantil ainda não é atendida na sua totalidade, o que faz com que muitas crianças de 0 a 5 anos permaneçam fora desse espaço educativo – e aquilo que é considerado educação básica não é garantido a todos*.

> *Básico*, no nosso país, na nossa educação, é ter acesso garantido à educação infantil, ao ensino fundamental e ao ensino médio.

* Sugerimos a investigação em diversos municípios para verificar como está sendo o atendimento da educação infantil pública. Identifique quais os percentuais que o seu município consegue atender.

Outro elemento indispensável, ainda em relação à LDBEN/1996, quando pensamos a educação infantil é a nomenclatura. Sabemos que as palavras e os conceitos não trazem em si uma neutralidade, pois existe um conteúdo político, cultural e histórico por trás dos conceitos. Observem as expressões: *educação infantil*, *ensino fundamental* e *ensino médio*. Agora questionamos:

- *Porque não utilizamos a expressão* ensino infantil, **assim como** ensino fundamental **e** ensino médio**?** **Ou, então,** *educação infantil, educação fundamental e educação média?*

Diante dessas diferenças, surgem dúvidas sobre as nomenclaturas utilizadas. Consideramos que essa diferença entre educação e ensino é importante para pensarmos a educação infantil, pois educação é um conceito mais amplo e mais abrangente do que ensino, embora não exclua a terminologia *ensino*.

É positivo tratarmos a *educação infantil* como uma etapa da educação que não se restringe apenas ao ensino, pois a terminologia para esse nível de ensino nos remete à preocupação com a formação integral. Educação, então, é conseguir organizar o ensino de modo que este atenda a todas as dimensões da vida humana, como, por exemplo, a dimensão ética e a dimensão estética. Então, pensar o trabalho na educação infantil, ou pensar a infância, é pensar a educação nessa totalidade, nessa formação integral. A função da educação infantil é cuidar e educar de forma integrada. O trabalho pedagógico integrado deve contemplar os aspectos afetivo, social, motor e cognitivo.

> A função da educação infantil é cuidar e educar de forma integrada. O trabalho pedagógico integrado deve contemplar os aspectos afetivo, social, motor e cognitivo.

O mais importante é perceber a infância como um tempo ou uma fase da vida com demandas específicas, que traz formas peculiares de aprendizagem, de compreensão do mundo e de desenvolvimento. É nessa totalidade que o centro de educação infantil que atende à criança de 0 a 5 anos e 11 meses deve pensar ao organizar seu currículo, sua ação pedagógica, bem como nos diferentes seguimentos que participam da organização desse espaço (Arroyo, 1994).

Um dos grandes equívocos presentes atualmente na educação infantil é a ideia de preparação: de preparar precocemente, alfabetizar a criança, ensinar elementos relacionados à língua ou à matemática como se fossem os mais importantes. As áreas do conhecimento, em sua essência, devem ser trabalhadas com seriedade e organização, tendo a compreensão de que esse é apenas um dos elementos das dimensões da vida humana dessa criança. A criança deve ser pensada na sua totalidade, pois se encontra em um momento único da vida, tão importante quanto todas as outras fases, e não deve ser submetida a atividades que visem simplesmente prepará-la para o futuro, mas sim para a vida no tempo presente.

Nesse contexto, enfatizamos que é importante entender a infância como um tempo em si; pensá-la integralmente, em sua totalidade (Arroyo, 1994). Isso diz respeito à síntese de múltiplas determinações, com base na perspectiva de que a criança deve ser compreendida em seu momento histórico, seu contexto familiar, suas condições financeiras, o contexto cultural da escola a qual frequenta, suas especificidades individuais, entre outros aspectos (Arroyo, 2009).

> Precisamos refletir sobre quem de fato é a criança: ela não é a sementinha que precisa ser regada para se desenvolver, ou um adulto em miniatura, ou uma tábua rasa em que o professor vai depositar o conhecimento.

Há uma tendência de encarar o momento presente como algo que está sempre em função do futuro, sempre uma fase na qual o indivíduo deve estar se preparando para a próxima. Assim, preparamos a criança de 0 a 3 anos para se desenvolver bem no período da pré-escola; a de 4 a 5 anos e 11 meses, para que se alfabetize bem no ensino fundamental; no ensino fundamental, preparamos os estudantes para o ensino médio; no ensino médio, preparamos os jovens para o vestibular, e assim sucessivamente.

Nesse contexto em que não é permitido viver plenamente a fase presente, é importante ressaltar a importância de a educação infantil não ser encarada como um período de caráter preparatório, e sim como um momento em si, que deve ser vivido plenamente (Arroyo, 1994).

Ao não pensar na infância como algo em si, com todas suas particularidades, perdemos a base em que se constrói a essência do ser humano, porque deixamos de pensar na criança real. É necessário, então, criarmos imagens mais realistas da infância, superando os estereótipos, que se dão por meio da criação de imagens antagônicas, como no caso da visão romântica da infância em oposição à concepção da criança como um ser indomável e sem limites. Ao considerar esses aspectos, destaca-se a necessidade de adotar uma visão real da criança, que não será nem romântica nem deturpada ou estereotipada.

> É necessário, então, criarmos imagens mais realistas da infância, superando os estereótipos

Arroyo (2009), em sua obra *Imagens quebradas*, aborda a concepção de infância, o que é a infância e como se dá a formação do professor que atua nesse nível de ensino. Segundo esse autor, o título dessa obra surgiu após ouvir o relato de uma educadora, que falou sobre a quebra da imagem romântica que possuía antes de começar a trabalhar em uma realidade bem diferente da idealizada, para a qual não estava preparada.

Nesse contexto, a organização curricular na educação infantil deverá ser pensada com base no diagnóstico da criança real, àquela que a instituição educativa atenderá. Com a prática desse diagnóstico, constatamos a existência de diferentes concepções de infância. Para realizar o diagnóstico todos os anos, é importante a participação dos professores, a fim de que estes conheçam a criança real antes de iniciar seu trabalho e possam planejar o ato educativo considerando as especificidades das crianças.

> Destacamos que, hoje, não podemos falar em infância, mas em infâncias, porque não temos um único modelo cristalizado nessa fase. São diferentes infâncias que estão presentes em nossa sociedade.

Nesse sentido, ao elaborar um Projeto Político-Pedagógico (PPP), ou seja, ao pensar uma proposta pedagógica para atender à criança em sua formação integral, é preciso conhecer o tipo de infância que a creche e a pré-escola irão atender.

Sabemos, por exemplo, que existe uma infância em que a criança chega à porta do centro de educação infantil de carro, com o pai e a mãe, cheirosinha, penteadinha etc. Contudo, há também aquela criança que foi violada nos seus direitos, desrespeitada, descuidada, desprotegida, que perdeu o direito à infância (Bellardo, 2009). Ou seja, as crianças chegam à escola em condições de desigualdade. Os professores da educação infantil precisam saber mais sobre esse tipo de realidade, muitas vezes presente nos espaços educativos em que irão atuar.

A reflexão e a análise pedagógica para o trabalho com essa infância excluída e massacrada socialmente é fundamental para evitar que a educação também exclua essa criança ou reproduza essa exclusão na forma como a trata.

A infância é a síntese de múltiplas determinações, as quais interferem em sua própria concepção e construção. É marcada por todas as relações, sociais e de organização familiar, presentes no meio do qual faz parte. Há de se considerar, também, o momento histórico como uma dessas determinações, pois o perfil comportamental da criança sofre influências e é diferente em cada um deles. Cada momento histórico traz determinada configuração, determinada marca para a criança; por isso, os professores da educação infantil precisam saber quem é a criança de hoje, da atualidade. Até o final da Idade Média, a criança era considerada um adulto em miniatura, ou, então, um ser ainda débil, que precisava se desenvolver até se tornar adulto, para assim ser uma pessoa completa. Por essa razão, indagamos:

• *Qual é a concepção de educação que temos mais presente em nossos espaços educativos hoje?*

Apenas no início da Idade Moderna a concepção de infância começou a ser modificada. Hoje sabemos que *brincar* é o grande elemento dessa fase da vida de uma criança de 0 a 5 anos e 11 meses, no entanto, algumas determinações sociais e culturais têm colocado essa prática em segundo plano. Podemos citar diversas situações em que outros elementos são supervalorizados em detrimento do brincar. Entre eles estão: o consumo como principal fonte de prazer; a inércia provocada pelo excesso de televisão, com muitos programas inapropriados; a sexualidade precoce, por meio de músicas e de comportamentos estimulantes; a preocupação com a aparência, muitas crianças deixarem de brincar para não sujar a roupa ou despentear o cabelo etc. Nesse sentido, outra vez indagamos:

• *Será que é o momento de uma criança de 4 ou 5 anos estar preocupada com a aparência ou com o consumo?*

A resposta é não. Esse é o momento de a criança viver a infância, pois ela não terá outro como este, uma vez que cada fase da vida do ser humano é única e importantíssima, e deve ser vivida plenamente. Assim, também a infância deve ser vivida plenamente, pois perder essa fase da vida implica em perder um processo de humanização (Arroyo, 1994).

Além do momento histórico, há outros elementos que marcam a infância, como o contexto familiar. Devemos considerar aspectos sobre os adultos responsáveis pela criança – a forma como eles vivem, a maneira como se relacionam, as suas prioridades –, visto que as ações dos pais ou responsáveis marcam fortemente a construção desta.

Outro ponto a se destacar é que a educação não pode trabalhar com a lógica do mercado, segundo a qual os professores passam a executar atividades "no automático", devido à pressa em cumprir tudo o que planejaram. Os momentos de educação e de cuidados na educação infantil não podem ser marcados pela lógica do tempo, pela lógica da sociedade que hoje vive apressada para produzir cada vez mais, com menos custos e em menor tempo.

Sobre isso, Hendrick (1999) diz que o momento da troca da fralda é extremamente importante, especialmente nos espaços de educação infantil, pois se trata de um momento pedagógico, de formação, de humanização. A troca de fralda não é apenas um momento de higiene, é também o momento da criança aprender sobre a higiene, do professor olhá-la, de conversar com ela; é um momento em que a relação professor-aluno se torna mais forte, em que se criam os vínculos.

Corroboramos que, além de ser necessário garantir o acesso de todas as crianças à educação infantil (como uma das etapas da educação básica), também é fundamental assegurar que a permanência nesse espaço aconteça com alta qualidade. Necessitamos de projetos pedagógicos de qualidade, que deem oportunidade às crianças de vivenciarem experiências ricas, a fim de que elas possam se humanizar e se desenvolver integralmente. Isso porque muitas vezes o único espaço de humanização a que algumas crianças têm acesso é o da educação infantil. Consideramos, nesse contexto, que os professores devem ser referenciais positivos para essas crianças, em especial para as que têm muitos referenciais negativos (Arroyo, 2009).

> Os momentos de educação e de cuidados na educação infantil não podem ser marcados pela lógica do tempo, pela lógica da sociedade que hoje vive apressada para produzir cada vez mais, com menos custos e em menor tempo.

Ainda nesse sentido, em que você pôde verificar determinações como o contexto histórico e o contexto familiar, questionamos:

- *Quais são os outros elementos que definem e concretizam o modelo de infância que temos?*

A infância, teoricamente, deveria ser o tempo de cuidado, de humanização do sujeito. Entretanto, no Brasil, ainda temos milhares de crianças em condições de desumanização e precariedade. Assim, para o trabalho educativo na educação infantil, precisamos pensar em como atuaremos com as crianças que já chegam à escola em condições desiguais. Por essa razão, novamente indagamos:

- *Como proporcionaremos nesse espaço a formação integral e a humanização da criança excluída?*

Precisamos saber que essas crianças chegam à escola em condições desiguais não porque suas capacidades são menores, mas porque a vida lhes foi desigual, pois, teoricamente, a capacidade de aprendizagem é a mesma. Desse modo, a instituição de educação infantil tem papel muito importante na vida dessas crianças, já que tanto poderá reforçar essas marcas da desigualdade quanto realizar um trabalho que as minimize.

Consideramos que o centro de educação infantil sozinho não vai conseguir transformar a sociedade, mas pode contribuir para a mudança e a transformação do indivíduo. Mas só poderá fazer a diferença depois que estruturar adequadamente as ações para atender também às crianças excluídas, a fim de que, mesmo que cheguem ao espaço educativo em condições desiguais, possam aprender e se desenvolver (Bellardo, 2009).

Essa conscientização deve estar presente no pensamento e na ação do professor, para que este não naturalize as coisas e não reproduza novamente a desigualdade. É necessário que compreenda que a forma como olha e age com a criança no espaço educativo marcará a vida dela não só no espaço escolar, mas também na vida social.

Outro elemento que incute marcas na forma como a infância é retratada, além das condições financeiras, é a questão do contexto cultural. Há, em diferentes contextos, diferentes infâncias, por isso, como já destacamos antes, é preciso pensar em *infâncias*, no plural. Assim, há várias infâncias, que se constroem com base em diversos elementos.

> É importante que os professores da educação infantil se perguntem qual o significado que atribuem à infância e reconheçam que cada idade tem suas especificidades e características. Para que se tenha um projeto educativo concreto, é necessário que se considere cada detalhe da infância. Isso requer um trabalho personalizado, que reconheça as formas próprias de aprendizagem e de desenvolvimento das crianças. Essas especificidades deverão ser consideradas para que o trabalho desenvolvido seja pleno.

As pesquisas da neurociência contribuem muito para explicar as especificidades de cada faixa etária. A plasticidade cerebral* faz referência à capacidade do ser humano em aprender, o que aparece de forma muito intensa na primeira infância, apesar de também estar presente em toda a vida do indivíduo. É extremamente importante que o professor da educação infantil conheça esse conceito. Isso o ajudará a compreender que é nessa fase da vida da criança que se abrem "janelas de oportunidade", e o que ela aprender e desenvolver nesse momento carregará como uma rede de conexões, a qual permitirá que amplie seu desenvolvimento em outras fases da vida. Isso não significa que não aprenderá em outras fases de sua vida, mas que na infância há condições de aprender de forma muito mais efetiva e completa.

De acordo com Arce (2001a), a educação infantil não exclui o ensino. Esse autor explica, com muita propriedade, a importância do ensino na educação infantil, no entanto, enfatiza que precisamos

---

* Plasticidade cerebral: capacidade que o cérebro tem em se reestruturar em função das experiências vivenciadas anteriormente. A plasticidade cerebral, assim como seus efeitos, é uma característica importante do cérebro, "em casos mais drásticos, é a plasticidade cerebral que torna possível a reorganização funcional por trás de reaprender a andar, a falar ou a usar a mão após derrames ou infartos cerebrais, quando parte dos neurônios morrem, e até mesmo levar uma vida bastante normal quando todo um lado do cérebro é removido na infância devido a doenças congênitas" (Cérebro melhor, 2012).

saber que essa fase não pode ser reduzida a isso. É importante trabalhar com todas as dimensões de aprendizagem da criança, como, a dimensão ética, a qual é indispensável, visto que desejamos promover o sentido de ética entre os indivíduos que irão compor nossa sociedade. Para isso, temos de discuti-la na educação infantil e pensar a nossa postura de uma forma também ética.

Sobre a concepção de infância, enfatizamos que não devemos olhá-la de forma natural, como se todas as crianças vivessem essa fase da vida da mesma maneira. É preciso compreender que a infância sempre trará consigo marcas profundas, não importando a ótica pela qual é observada.

2.2 Pressupostos da aprendizagem e desenvolvimento da criança

As concepções de desenvolvimento e de aprendizagem do ser humano ocorrem simultaneamente e são situadas social e historicamente. Muitas delas são consideradas ultrapassadas, no entanto, muitas vezes essas concepções "superadas" ainda regem a prática pedagógica de muitos professores da educação infantil, segundo pesquisas realizadas por Becker (1993).

> As concepções de desenvolvimento e de aprendizagem do ser humano ocorrem simultaneamente e são situadas social e historicamente.

Consideramos essencial que o professor da educação infantil seja conhecedor das teorias do desenvolvimento humano. Para exemplificar essa questão, apresentamos brevemente três concepções que explicam a origem e a aquisição do conhecimento: o racionalismo, o empirismo e o interacionismo.

2.2.1 O racionalismo

O racionalismo recebe também outras nomenclaturas: *idealismo*, *pré-formismo* e *apriorismo*. Para a concepção inatista, a origem do conhecimento está no próprio sujeito, em sua herança genética. A capacidade de aprender é compreendida como algo inato, dessa forma, o desempenho escolar é entendido como responsabilidade do próprio aluno. Segundo Becker (2001, p. 38), nessa concepção, "o professor interfere o mínimo possível, não ensina, o aluno é que aprende".

Esse autor afirma ainda que, mesmo de forma esporádica, os alunos são rotulados e classificados como "os que terão sucesso" e "os que serão fracassados". Seu modelo pedagógico pode ser classificado como não diretivo, uma vez que, nele, o professor deve incentivar a descoberta de novos conhecimentos. O conhecimento é, *a priori*, inerente ao próprio sujeito, que confere ao objeto o conhecimento prévio que traz consigo (sujeito → objeto)*. Essa concepção é criticada por sua característica reducionista de considerar a razão e o pensamento como únicas fontes do conhecimento, levando seus adeptos ao dogmatismo e ao autoritarismo. É também classificada de *fixista*, *essencialista*, *maniqueísta* e *metafísica* (Matui, 1995).

> Para a concepção inatista, a origem do conhecimento está no próprio sujeito, em sua herança genética.

Uma das concepções do desenvolvimento humano da criança que segue a tendência racionalista é a maturação biológica. Nessa perspectiva, a criança nasce pronta e espera-se que as coisas fluam naturalmente na vida dela. Dessa forma, toda a responsabilidade do desenvolvimento é depositada na maturação biológica.

---

* S → O: Becker (2001) usou esse símbolo para representar a ideia de ação em uma direção, como se somente o sujeito agisse sobre o objeto de conhecimento.

Essa concepção de desenvolvimento da criança esteve muito presente em alguns sistemas educacionais, que excluíam e rotulavam as crianças por meio de afirmações como: "Não tem condições de aprender, logo, não aprende" ou "Esta criança não serve para estudar".

2.2.2 O empirismo

O empirismo é também conhecido como *comportamentalismo* e *associacionismo*. Nessa concepção, o conhecimento é sempre um reflexo da realidade e se origina das observações do meio social em que se vive (Pozo, 2002). O empirismo considera o conhecimento como algo que vem de fora, ou seja, o sujeito aprende por meio da absorção passiva de conteúdos. Como tudo o que se aprende acontece de "fora para dentro", o reforço é essencial. Dessa forma, o professor assume o papel de treinador, oferecendo reforço positivo para os comportamentos esperados e punição para as respostas inadequadas.

A base de aprendizagem em uma ótica empirista se encontra no fato de que o indivíduo não constrói as próprias verdades, e sim se apropria de verdades já construídas. Seu modelo pedagógico pode ser classificado como diretivo

> O empirismo considera o conhecimento como algo que vem de fora, ou seja, o sujeito aprende por meio da absorção passiva de conteúdos.

(Becker, 2001). Nessa concepção, a criança é percebida como uma folha em branco, que ainda não recebeu registro de informações, e o conhecimento é externo, ou seja, vem do objeto. O sujeito recebe o conhecimento de forma passiva e receptiva, por meio dos estímulos, dos sentidos e das experiências (sujeito ← objeto)*. Esta concepção é denominada pela filosofia dialética de *positivismo atomista*,

---

* S ← O: Becker (2001) usou esse símbolo para representar a ideia de ação em uma direção, como se somente o objeto de conhecimento agisse sobre o sujeito.

devido às suas características reducionistas de dividir e separar as coisas sem relacioná-las com o todo. O equívoco nessa concepção está em considerar o objeto (meio externo) como única fonte de conhecimento (Matui, 1995).

Nessa visão, em que a responsabilidade pelo desenvolvimento da criança é do meio em que ela vive, a criança passa a ser pouco ativa, afinal, é o meio que deve estimulá-la. Isso deu origem a muitas políticas para a educação infantil, as quais defendiam um ambiente propício para a criança pequena frequentar, pois se pensava que esse desenvolvimento se daria de acordo com o meio em que ela estivesse inserida.

2.2.3 O interacionismo

> Para o interacionismo há uma interdependência entre o organismo e o ambiente, ou seja, o sujeito aprende à medida que se relaciona com o meio circundante.

O interacionismo surgiu da síntese elaborada por Immanuel Kant entre as duas correntes filosóficas: o racionalismo e o empirismo. A concepção interacionista se propõe a superar, por meio da incorporação, ambas as posições anteriores, ou seja, a aprendizagem não acontece apenas de fora para dentro, assim como também não é válida a ideia de que a capacidade de aprender é inata. Para o interacionismo há uma interdependência entre o organismo e o ambiente, ou seja, o sujeito aprende à medida que se relaciona com o meio circundante.

A aquisição do conhecimento se dá pelas interações entre sujeito e objeto (S ↔ O)*. Isso significa que o meio oferece informações e desafios ao sujeito, estas são processadas por ele, dando origem a um saber único, pessoal. Segundo essa concepção, só podemos "conhecer" por meio da interação com o ambiente, num

---

* S ↔ O: Becker (2001) usou esse símbolo para representar a ideia de ação em ambas as direções, representando a ação do sujeito sobre o objeto de conhecimento e vice-versa.

processo de trocas entre o sujeito e o meio. O interacionismo ainda compreende que professor e aluno devem ser analisados de forma simultânea, pois o ensino e a aprendizagem não acontecem separadamente.

Na escola, o aluno adquire conhecimento sob a mediação do professor e, por essa razão, depende dessa relação para que a aprendizagem aconteça (Becker, 1993). A vertente interacionista atribui responsabilidade ao sujeito e ao meio em que ele vive, no sentido de provocar a relação e a troca recíproca entre ambos. Nesse sentido, ao mesmo tempo em que a criança determina o meio em que vive, também é determinada por ele, justamente por essa concepção de troca entre o sujeito e o meio.

Marcelo Lopes

Immanuel Kant

> Pesquisadores atuais vêm contribuindo para a revolução das teorias da aprendizagem, como é o caso de Pozo (1997), que apresenta a explicação da aprendizagem mediante a reestruturação. Esse autor afirma que "o construtivismo se aproxima das posições empiristas, já que se aprende com a experiência, mas se distancia radicalmente delas ao defender que essa aprendizagem é sempre uma construção e não uma mera réplica da realidade" (Pozo, 2002, p. 48).

> Na escola, o aluno adquire conhecimento sob a mediação do professor e, por essa razão, depende dessa relação para que a aprendizagem aconteça (Becker, 1993).

Pozo (2002) adota em suas obras o termo *construtivismo*, em vez de *interacionismo*, para abordar as teorias da aprendizagem que têm como base a síntese das duas concepções anteriores. O autor enfatiza que é necessário superar a perspectiva de teoria do conhecimento para dar lugar a uma teoria psicológica da aprendizagem.

Esse mesmo autor esclarece que a versão estática do construtivismo – como a construção do conhecimento com base na relação entre a nova informação e os conhecimentos prévios dos alunos – não permite gerar uma verdadeira teoria da aprendizagem construtivista, a qual é abordada dessa forma somente em algumas obras. Ele diz ainda que, vista dessa forma, essa versão do construtivismo é compatível com os aspectos do racionalismo (visão do mundo com base em conhecimentos inatos, prévios à experiência) e do comportamentalismo (associação ou reprodução de fatos e respostas, modificando-se apenas os aspectos quantitativos) (Pozo, 2002).

Para explicar a construção do conhecimento, Pozo (2002) sugere que grande parte da aprendizagem se dá por meio da reestruturação.

> Não é a existência de conhecimentos prévios influindo na aprendizagem o que define o modelo construtivista. É a própria natureza dos processos mediante os quais esses conhecimentos prévios mudam, a acomodação das estruturas de conhecimento à nova informação, em termos piagetianos. É a construção dinâmica do conhecimento, os processos mediante os quais o conhecimento muda. As teorias construtivistas da aprendizagem assumem que este consiste basicamente numa reestruturação dos conhecimentos anteriores, mais que na substituição de alguns conhecimentos por outros. (Pozo, 2002, p. 50)

Pozo (2002) ainda afirma que as teorias de Piaget, Vygotsky, Wallon e Ausubel são teorias de aprendizagem também fundamentadas na reestruturação. Por meio desses autores – que corroboram com suas ideias no sentido de que "o conhecimento é sempre uma interação entre a nova informação que nos é apresentada e o que já sabíamos, e que aprender é construir modelos para interpretar a informação que recebemos" (Pozo, 2002, p. 48) –, ele apresenta hipóteses sobre como a aprendizagem ocorre.

> Pozo (2002) denomina a aprendizagem mecânica de *aprendizagem por associação* e a aprendizagem significativa de *aprendizagem por construção*, na qual ocorre um processo de reestruturação do conhecimento. Para esse autor, "a aprendizagem associativa facilita a construção, e vice-versa" (Pozo, 2002, p. 53), e "ambos os tipos de processos estão integrados hierarquicamente, constituindo de fato níveis alternativos de análise de uma mesma atividade de aprendizagem. Sem a acumulação de informação não poderia haver reestruturação, que por sua vez tornará possível a aquisição de nova informação" (Pozo, 2002, p. 54).

Seguindo esse mesmo raciocínio, a teoria da aprendizagem por associacionismo é tão importante quanto a teoria pelo estruturalismo cognitivo (Pozo, 1997). O autor argumenta ser inútil a tentativa de ambas serem reduzidas a uma única e correta concepção da aprendizagem, uma vez que falam de coisas distintas e manejam bases de dados diferentes. Para ele, o processo de aprendizagem surge na reconstrução de uma ideia, tornando-a, então, cada vez mais elaborada (Pozo, 1997). Assim, a reestruturação seria o processo pelo qual o sujeito, como consequência de suas interações com os objetos, encontra novas maneiras de organizar ou estruturar seus conhecimentos, mais adaptadas à estrutura do mundo externo, exigindo uma tomada de consciência de sua parte.

A reestruturação de conceitos ocorre quando percebemos que um de nossos conhecimentos não corresponde à realidade. O processo de reestruturação do conhecimento é progressivo e um produto não somente da estrutura cognitiva do sujeito, mas também da estrutura da realidade.

Nessa perspectiva, é necessário um "desequilíbrio cognitivo" (Piaget, 2002) para que ocorra a aprendizagem, ou seja, deve haver a interação entre sujeito e objeto, não apenas uma inserção de ideias externas. Os esquemas* de significação possibilitam o estabelecimento de relações com o novo na busca de uma nova equilibração, ou, para Pozo (1997), uma nova "reestruturação".

A intenção é fazer com que a criança passe a ser o sujeito da sua aprendizagem, um ser ativo que participa do processo escolar. Isso porque o ato pedagógico constitui um fenômeno complexo e intencional, em que o objetivo fundamental é estabelecer a relação entre a criança e o conhecimento na tarefa de aprender, no qual o professor pode criar condições mais favoráveis para que cada aluno tenha, de fato, oportunidade de desenvolver o seu processo de aprendizagem.

Na sequência, destacaremos alguns elementos da teoria sócio--histórico-cultural do bielorrusso Lev Semenovich Vygotsky (1896-1934) e da teoria psicogenética do suíço Jean Piaget (1896-1980). O enfoque nessas teorias se deve ao fato de considerarmos esses autores ícones do legado interacionista** atual sobre aspectos relacionados à aprendizagem e ao desenvolvimento humanos.

2.3 Elementos da teoria sócio-histórico-cultural

Lev Semenovich Vygotsky nasceu em 1896, na cidade de Orsha, na Rússia. É tido como interacionista por considerar o processo de aprendizagem com base na interação entre o meio social e o cultural,

----

* Na teoria piagetiana, o *esquema* define-se como um conhecimento já adquirido, algo que se generaliza da ação; um conceito construído com base no processo de assimilação e de acomodação; um conhecimento dotado de significado.

** As denominações *interacionismo, construtivismo, sociointeracionismo, socioconstrutivismo e construtivismo* pós-piagetiano foram utilizadas no Brasil entre os pesquisadores que se dedicaram aos estudos das obras de Piaget e de Vygotsky, porém não entraremos nessa discussão por não ser esse o objetivo desta obra. Dessa forma, utilizaremos essa denominação para nos referirmos às linhas de pensamento que influenciam a perspectiva do "aprender" por meio da interação do sujeito com o meio sócio-histórico-cultural.
Para contribuir com a reflexão sobre essas questões, recomendamos o artigo de Duarte (1998) e o Capítulo 7 da obra de Pozo (1997), pois são leituras que apresentam diferentes enfoques sobre o uso dos termos *interacionismo e construtivismo* para a teoria de Vygotsky.

sendo esta, portanto, uma relação recíproca entre sujeito e meio. O foco, para Vygotsky, está na interação e a cultura é a essência de sua teoria, uma vez que ele entende que a interação determina o que o indivíduo aprender e como se desenvolve.

A teoria sócio-histórico-cultural abstrai que o ser humano é criado histórico e socialmente. O homem ultrapassa os limites restritivos da natureza, tornando-se um ser racional, capaz de controlar sua vida. Para Vygotsky (Stoltz, 2010b), o ser humano constrói um conhecimento novo tendo como base algo produzido anteriormente, não sendo, portanto, um novo começo, e sim uma continuidade. Por isso é um ser social: o novo conhecimento se estabelece considerando que existem construções prévias. Nessa perspectiva, a interação é que permite a construção da inteligência, da afetividade, da capacidade de socialização, da consciência e da personalidade. O homem é fruto de um processo histórico e cultural, síntese de múltiplas determinações. Tomando como base as necessidades humanas, ele aprimorou suas atividades e modificou o meio. A hipótese vygotskyana, então, é de que o homem biológico se constrói por meio da interação com o outro. Dessa forma, para ser humano ele precisa do outro.

> A teoria sócio-histórico-cultural abstrai que o ser humano é criado histórico e socialmente. O homem ultrapassa os limites restritivos da natureza, tornando-se um ser racional, capaz de controlar sua vida.

> A origem do próprio processo do pensar racionalmente humano está na linguagem, pois somente pelo acesso a esta é que haverá a possibilidade de pensamento racional (Vygotsky, 1998). Nesse sentido, como a atividade da linguagem está presente no outro, ou seja, no meio social, é fundamental que, na educação infantil, exista oportunidades de diálogo com as crianças e entre as crianças.

Lev Semenovich Vygotsky
Marcelo Lopes

Segundo Stoltz (2010a; 2010b), o acesso à determinada cultura – que possibilitará o acesso à determinada história – acontece por meio das trocas entre as pessoas que possibilitam a regulação*. O sujeito parte de uma negociação com a cultura, o que permitirá um desenvolvimento próprio. A consciência é o primeiro passo, uma vez que é emprestada do meio e necessita de uma ação externa para ser internalizada. Assim, quando o sujeito toma consciência de si, ocorre o processo de regulação com o meio e ele começa a agir de forma ativa.

> As duas categorias fundamentais que explicam o pensamento de Vygotsky são a atividade e a linguagem (Stoltz, 2008).

A atividade se configura ação propriamente humana por meio do trabalho e se caracteriza por ser planejada e intencional e por utilizar instrumentos físicos (por exemplo: cadeira, mesa, colher etc.) e psíquicos** (por exemplo: linguagens oral e escrita). "O

----

* A regulação, na teoria vygotskyana, é a mudança de si mesmo e das próprias ações mediante a influência do meio, da cultura e da instrução.

** Significação mental de palavras, imagens e objetos.

instrumento é um elemento interposto entre o trabalhador e o seu trabalho, ampliando as possibilidades de transformação da natureza" (Oliveira, 1997, p. 29).

Ao mencionarmos o termo *atividade*, considerando Vygotsky, estamos nos referindo a uma atividade mental, que permite a transformação interna de instrumentos de mediação externa. Ou seja, para obter conhecimento é necessário internalizar os objetos e ações do meio, apropriando-se da matéria-prima cultural.

> Para Vygotsky (1991), o aprendizado começa antes de a criança frequentar a escola. "Qualquer situação de aprendizado com a qual a criança se defronta na escola, tem sempre uma história prévia, pois o aprendizado e desenvolvimento estão inter-relacionados desde o primeiro dia de vida da criança" (Vygotsky, 1991, p. 94).

O autor determina pelo menos dois níveis de desenvolvimento mental: o desenvolvimento real, que corresponde ao "nível de desenvolvimento das funções mentais da criança que se estabeleceram como resultado de certos ciclos de desenvolvimento já completados"; e a zona de desenvolvimento proximal (ZDP), que é o distanciamento entre o nível real e o nível de desenvolvimento potencial, "determinado pela resolução de problemas sob orientação ou em colaboração com companheiros mais capacitados" (Vygotsky, 1991, p. 95). Assim, "aquilo que é a zona de desenvolvimento proximal hoje, será o nível de desenvolvimento real amanhã, ou seja, aquilo que uma criança pode fazer com assistência hoje, ela será capaz de fazer sozinha amanhã" (Vygotsky, 1991, p. 98).

Diante disso, Vygotsky ressalta que a ZDP é o que nos permite elaborar um planejamento sobre as potencialidades e o desenvolvimento da criança, permitindo o acesso aos aspectos que já foram compreendidos e aos que estão em processo de maturação. Nos estudos sobre o desenvolvimento mental das crianças, considerava-se que só era sinal de capacidade mental aquilo que elas conseguissem fazer sozinhas, sem a mediação. Não era considerado o que a criança conseguisse fazer com a ajuda dos outros, nem que isso poderia ser mais revelador sobre o seu desenvolvimento mental que as atividades realizadas sem auxílio.

É na ZDP que os sujeitos podem agir, como mediadores, de maneira mais intensa para contribuir com a aprendizagem potencial. Assim, a aprendizagem levaria ao desenvolvimento, e a iniciação em um novo conhecimento dependeria da interação com outro sujeito que tivesse ainda mais conhecimento a respeito do objeto ou do conteúdo – é a relação com esse outro indivíduo que permitiria o acesso ao desconhecido (Vygotsky, 1991).

Seguindo esse raciocínio, a ZDP é diferente em cada um de nós, pois possuímos potenciais diferentes. Sendo assim, cabe à educação planejar o ensino de forma heterogênea a fim de desenvolver o potencial de cada criança. Nesse sentido, o professor precisa perceber como o aluno responde às situações de aprendizagem com o outro e estimular a interação entre pares por meio de brincadeiras e jogos que propiciem situações-problema, uma vez que, nessa teoria, o conhecimento se dá por meio do aprendizado com o outro. Infelizmente, muitas metodologias de ensino esquecem o potencial da criança, apenas resgatando o conhecimento que esta já possui.

O professor da educação infantil precisa trabalhar um conjunto de significados por meio de um conceito mais elaborado, fazendo o movimento entre o conhecimento científico e o espontâneo e vice-versa. Um exemplo ilustrativo dessa situação seria: depois de se verificar o que as crianças já sabem sobre formigas, o professor aprofunda o assunto. Por exemplo, caso as crianças não saibam nada a respeito, partindo do pressuposto de que a *formiga é um animal pequeno*, pode explicar que se trata de um inseto. Isso tudo porque o acesso aos conhecimentos científicos é essencial para o desenvolvimento das funções psicológicas superiores – atenção, consciência, memória, pensamento generalizante, comportamento intencional e linguagem –, e a escola é um local privilegiado para a obtenção desses conhecimentos.

> Para Vygotsky (1991), o papel do professor é o de mediador, pois cabe a ele trabalhar com o ensino formal – pensado antecipadamente com a intenção de alcançar um objetivo – e a instrução organizada por meio do planejamento. O professor possibilita o acesso aos conhecimentos científicos trabalhando com conceitos e apresentando o "melhor" que a humanidade já construiu por meio da arte. Nesse contexto, o conceito de mediação é central para a compreensão das concepções vygotskyanas sobre o funcionamento psicológico.

Em termos genéricos, mediação é o processo de intervenção de um elemento numa relação, que deixa de ser direta e passa a ser mediada por esse elemento. Vygotsky trabalha com a noção de que a relação do homem com o mundo não é uma relação direta, mas mediada. "A presença de elementos mediadores introduz um elo a mais nas relações homem/meio, tornando-as mais complexas" (Oliveira, 1997, p. 27).

Portanto, é o contato com esse conhecimento acumulado social e historicamente que irá possibilitar o desenvolvimento das funções psicológicas superiores – as quais são especificamente humanas – já descritas anteriormente. Para Vygotsky (Stoltz, 2010a, 2010b), a transformação do social passa pela transformação da produção e pelo modo de existência histórico-social-cultural humana. Assim, o processo de transformação de cada indivíduo e da realidade social depende do acesso ao conhecimento elaborado.

> Em termos genéricos, mediação é o processo de intervenção de um elemento numa relação, que deixa de ser direta e passa a ser mediada por esse elemento.

Nessa perspectiva, os sujeitos mais novos precisam se apropriar dos conhecimentos que já foram construídos. Na teoria vygotskyana, a verdadeira liberdade só é conseguida por meio do acesso aos modos de conhecimento e do domínio das produções humanas (Stoltz, 2010a; 2010c).

Enfatizamos que a teoria de Vygotsky contribui para o processo de valorização e de reconhecimento do professor da educação infantil, ao esclarecer a importância do papel da instrução no processo de desenvolvimento do ser humano, o qual só se emancipa por meio da interação com o conhecimento elaborado.

2.4 Elementos da teoria psicogenética

Jean Piaget nasceu na cidade suíça de Neuchâtel, em 1896. Tornou-se um clássico sobre o desenvolvimento cognitivo, cuja tese busca compreender como o sujeito passa de um estado de menor conhecimento para um de maior conhecimento (Stoltz, 2010a). A preocupação de Piaget está em como o indivíduo age e como acontece o seu processo de compreensão; por isso, ele estudou a gênese* do conhecimento. Para ele, não há inteligência inata, ela é construída por meio da interação, ou seja, a aprendizagem acontece na interação entre o sujeito e o objeto; é a incorporação do

> De acordo com Piaget (citado por Stoltz, 2010b), a *atividade* é o motor que possibilita a aprendizagem durante o processo interativo, denominada por ele de *ação*.

---

* Gênese: o mesmo que *origem*.

elemento externo em função dos esquemas e das estruturas que o sujeito já possui (Piaget, 2002).

De acordo com Piaget (citado por Stoltz, 2010b), a atividade é o motor que possibilita a aprendizagem durante o processo interativo, denominada por ele de *ação*. Ele afirma que essa atividade do sujeito é essencial para que a aprendizagem ocorra, pois este precisa estar numa postura ativa de conhecimento da realidade, e defende que os processos de raciocínio do aprendiz precisam ser conhecidos e respeitados pelos professores. Assim, para o pensador suíço, a essência do conhecimento é a operação, e operar mentalmente implica transformar, voltar ao ponto de partida, entender a origem e o processo.

Portanto, o sujeito se constrói, segundo Piaget, citado por Stoltz (2010b), na medida em que se constrói o objeto, por isso o termo *construtivismo* é utilizado para essa teoria. É no processo de organização e de adaptação do ser humano que os avanços ocorrem. Por essa razão, o que compreendemos é resultado das nossas adaptações. Piaget desenvolveu dois conceitos básicos sobre a aprendizagem: assimilação e acomodação. A assimilação é a incorporação do elemento externo em função dos esquemas e das estruturas que o sujeito já possui, é a associação da informação nova a anterior. Quando o sujeito se une ao conhecimento, ocorre a acomodação, que é o processo de compreensão e de mudança.

Conforme Stoltz (2008), os quatro fatores responsáveis pelo desenvolvimento da inteligência na teoria piagetiana são:

- maturação orgânica – amadurecimento do sistema nervoso;
- experiência com objetos – conhecimento físico e conhecimento lógico-matemático;
- interação e transmissão social – experiência com pessoas e confronto com a diferença;
- equilibração – processo de busca de um novo equilíbrio

por meio de uma situação de desequilíbrio cognitivo, responsável pela integração dos outros fatores e pelo progresso do desenvolvimento cognitivo.

Ainda de acordo com Stoltz (2010b), é essencial que o professor conheça a criança com quem vai trabalhar para planejar o conteúdo de forma contextualizada. Essa autora enfatiza que todo desenvolvimento está relacionado ao processo de reflexão, por isso é relevante provocar a criança para que ela repense sobre o que sabe. É necessário, então, envolver a criança em situações que contenham desafios, situações-problema, de forma a resgatar o que ela pensa e possibilitar novos questionamentos para que ela possa avançar em conhecimento (Stoltz, 2010b). A autora afirma também que a função principal da educação, para Piaget, é proporcionar o desenvolvimento moral e intelectual de seus alunos.

> Todo desenvolvimento está relacionado ao processo de reflexão, por isso é relevante provocar a criança para que ela repense sobre o que sabe (Stoltz, 2010b).

Para promover a aprendizagem, a interação social deve ser cooperativa, ou seja, respaldada no respeito e na reciprocidade, em situações em que o professor e as crianças não se subjuguem, uma vez que há dialogo e liberdade em obter conhecimento por meio de uma relação em que haja respeito. Nesse contexto, o professor da educação infantil precisa propiciar o diálogo entre as crianças para que elas sejam interlocutoras umas das outras, de forma a gerar contato com o diferente, pois o igual não gera avanço. Ele poderá contribuir para o processo de descentração da criança por meio dos momentos de interação, das trocas de pontos de vista divergentes, compreendendo que é isso que promove o desenvolvimento da autonomia.

Para Piaget (2002), o que a criança vai aprender depende do que já construiu, uma vez que, por meio da construção, obtém-se o desenvolvimento. De acordo com o epistemólogo suíço, citado por Stoltz (2006), o sujeito é um ser ativo, sempre em processo de adaptação com a realidade que o cerca; por isso, adaptar-se implica construir ativamente a leitura dessa realidade. O que é adaptado torna-se conhecimento, ou seja, é organizado em "sistemas ativos", que são sistemas estruturais de conhecimento resultado de inúmeras adaptações (equilibração majorante*). Essas adaptações ampliam o poder de compreensão da realidade.

Piaget (2002) definiu quatro estágios do desenvolvimento humano, contudo, ressaltou que pode haver alterações no que diz respeito às faixas etárias, em virtude do contexto social em que a criança está inserida.

Os quatros estágios do desenvolvimento infantil, segundo Piaget (2002), são:

- Sensório-motor – inteligência prática (idade entre 0 e 2 anos, aproximadamente).
- Pré-operatório – inteligência prática interiorizada (entre 2 e 7 anos, aproximadamente); capacidade de reconstrução simbólica; utilização da linguagem do jogo simbólico, retornando imagens, desenhos, vivências e imitações de outros sujeitos.
- Operatório concreto – inteligência prática interiorizada reversível (entre 7 e 11 anos, aproximadamente); compreensão e estabelecimento de relações, domínio do processo e capacidade de voltar ao ponto de partida.
- Operatório formal – produção de teorias; ampliação e subordinação do real ao mundo das possibilidades (a partir de 12 anos, aproximadamente); capacidade de explicações lógicas e criação de teorias deduzidas; possibilidade de argumentação e comprovação.

---

* O equilíbrio majorante representa o processo de descentração do sujeito de si mesmo, como caminho e possibilidade de produzir teoria. Com isso, o indivíduo vai além do mundo concreto, sendo capaz de criações abstratas.

Piaget, de acordo com Stoltz (2010a), diz que a criança, ao conhecer a realidade, constrói a inteligência. Esse é um processo longo e contínuo e que envolve aprimoramento por meio do erro. Assim, no momento da assimilação, a criança lida com o novo da forma velha. Por exemplo: o bebê, quando deixa de mamar no seio e passa à mamadeira, realiza os mesmos movimentos de sucção; durante a assimilação, percebe a diferença e inicia novos movimentos para uma nova adaptação.

É importante que o professor de educação infantil compreenda que quando não interagimos diretamente com determinada área do conhecimento, podemos agir mediante uma inteligência prática, que se dá por meio de tentativas. O resultado dessa experiência é benéfico para a criança e contribui para que ela seja capaz de prever e planejar soluções em situações futuras semelhantes. Portanto, vivenciar novidades sem a reflexão e o planejamento das ações não se trata de um retrocesso das crianças, e sim de uma necessidade de todos.

E, por último, outro conceito fundamental da teoria piagetiana é o conflito cognitivo, entendido como a capacidade do sujeito de perceber uma contradição entre aquilo que ele conhece e o que está sendo mostrado. Perceber que existe diferença entre o que a criança sabe e o que ainda desconhece é compreendido aqui como necessário, pois a percepção da diferença levará à reflexão. Ao perceber o que não sabe, a criança entra em "conflito", o que motivará a busca por um novo equilíbrio. Essa busca de equilíbrio impulsiona a ação de avançar ou desistir diante dos desafios propostos.

Uma das críticas a Piaget é que, em sua teoria, o autor não abordou a questão da cultura e de suas interferências, contudo, é preciso ressaltar que não era esse o foco de sua tese (Stoltz, 2010a).

Síntese

Este capítulo enfatizou a concepção de infância, discutindo os diferentes significados desta. Destacamos que o termo *infância*, no singular, não cabe na discussão sobre a educação infantil no nosso país, sendo que o termo mais adequado seria *infâncias*, no plural, uma vez que essa infância é permeada por múltiplas determinações e, consequentemente, gera múltiplas infâncias. Destacamos também a complexidade e a importância do desenvolvimento do indivíduo nessa fase da vida, (especialmente após o conceito de plasticidade cerebral), pois se trata de um momento muito complexo e específico, que deve ser atendido plenamente.

Hoje, sabemos que o desenvolvimento e a aprendizagem se dão de forma imbricada e indissociável. O desenvolvimento será melhor e mais amplo à medida que a criança vivenciar práticas ricas de aprendizagem. A criança que tem a possibilidade de vivenciar processos ricos de aprendizagem terá o seu desenvolvimento em todos os aspectos – cognitivo, intelectual e físico – muito mais ampliado. Portanto, a atuação do professor da educação infantil no desenvolvimento e na aprendizagem da criança faz, sim, diferença.

Finalmente, apresentamos uma síntese das principais concepções de desenvolvimento que repercutem na educação atual – a saber, o racionalismo, o empirismo e o interacionismo – com base na compreensão da aprendizagem por reestruturação. No entanto, ressaltamos que outras leituras são também fundamentais para o aprofundamento do tema.

Indicações culturais

Artigo

BERNARDES, E. L. Jogos e brincadeiras tradicionais: um passeio pela história. Universidade Federal de Uberlândia. Disponível em: <http://www.faced.ufu.br/colubhe06/anais/arquivos/47ElizabethBernardes.pdf>. Acesso em: 6 jun. 2011.

Esse artigo retrata como a inserção de contos, lendas, brinquedos e brincadeiras pode enriquecer o cotidiano infantil.

Revista

REVISTA MENTE E CÉREBRO. O mundo da infância. São Paulo: Duetto/Scientific American, n. 20, 2009. Edição Especial.

Essa publicação oferece um panorama acerca da infância e apresenta uma coletânea de artigos que enfocam aspectos culturais, sociais, neurológicos e psíquicos da criança.

Sites

LAPIC – Laboratório de Pesquisa sobre Infância. Disponível em: <http://www.eca.usp.br/nucleos/lapic/>. Acesso em: 6 jun. 2011.

Esse site apresenta uma revista que busca retratar a história e as características da infância em gerações passadas.

TV CULTURA. Disponível em: <http://www.tvcultura.com.br/infantil>. Acesso em: 6 jun. 2011.

Esse site apresenta toda a programação da TV Cultura e os programas educativos que visam ao aprimoramento integral da pessoa humana.

Atividades de autoavaliação

1. Ao tratar do significado e das representações da infância em nossa sociedade, no livro *O significado da infância*, Arroyo (1994) destaca duas questões centrais que devem nortear a elaboração das propostas de educação infantil. Assinale nas alternativas a seguir aquela que apresenta as duas questões abordadas no texto citado:

    a) Concepção de creche e de pré-escola.

    b) Concepção de infância e de salário.

    c) Concepção de infância e de educação.

    d) Concepção de educação e de família.

2. Debatemos o conceito de infância, para dar significado e compreender melhor essa fase da vida. Leia as afirmações a seguir e assinale a alternativa que apresenta a sequência correta:

    I. A infância é uma categoria estática.

    II. Não há diferença no modo de conceber a infância no meio rural e no meio urbano.

    III. A infância rural é diferente da infância urbana.

    IV. A infância é algo que está em permanente construção e é síntese de múltiplas relações.

    V. A concepção de infância vai se modificando historicamente.

    São verdadeiras:

    a) Somente as alternativas III e IV.

    b) Somente as alternativas II, IV e V.

    c) Somente as alternativas III, IV e V.

    d) Somente as alternativas I, II e V.

3. Conforme Arroyo (2009), a concepção da infância na atualidade se deve principalmente ao fato de que a criança:

   a) é objeto de caridade, afeto e amor.
   b) passou a ser sujeito de direitos públicos.
   c) é objeto de cuidado exclusivo da mulher, no âmbito privado da família.
   d) está em uma fase da vida em que só se deve brincar.

4. Marque a alternativa que completa o sentido da frase a seguir:

   A Lei nº 9.394/1996 (LDBEN) confirma as discussões apresentadas por Arroyo (2009), Arce (2001a) e outros autores acerca da finalidade da educação infantil, determinando que esse nível de ensino deve promover a formação integral da criança de 0 a 5 anos. Nesse entendimento, pode-se afirmar que formação integral é:

   a) aquela educação oferecida em tempo integral, ou seja, aquela em que a criança permanece 8 horas ou mais na instituição de educação infantil.
   b) aquela que propicia o desenvolvimento integral da criança até 5 anos de idade, em seus aspectos físico, psicológico, intelectual e social.
   c) aquela que busca formar um sujeito crítico, preparando a criança para ser um futuro cidadão.
   d) aquela que consegue alfabetizar a criança aos 5 anos de idade, pois só assim esta terá sucesso no ensino fundamental.

5. Analise as afirmações seguintes com base nos pressupostos teóricos discutidos neste capítulo. A seguir, marque com (V) as consideradas verdadeiras e com (F) as consideradas falsas:

   ( ) A teoria de Vygotsky considera a escola como lócus privilegiado para a instrução, de forma a desenvolver as funções psicológicas superiores.

( ) Para Piaget, a ação é base do processo de aprendizagem.
( ) Vygotsky só considera o meio social no processo de aprendizagem.
( ) A função da escola para Piaget é proporcionar o desenvolvimento moral e intelectual.

a) V, V, V, F.
b) F, F, V, V.
c) V, V, F, V.
d) V, V, F, F.

Atividades de aprendizagem

Questões para reflexão

1. Leia na íntegra o seguinte artigo:

   ARROYO, M. G. O significado da infância. In: SIMPÓSIO NACIONAL DE EDUCAÇÃO INFANTIL, 1., Brasília. Anais... Brasília: MEC/SEF/DPE/COEDI, 1994. Disponível em: <http://www.google.com.br/url?sa=t&source=web&cd=6&ved=0CEAQFjAF&url=http%3A%2F%2Fwww.cipedya.com%2Fweb%2FFileDownload.aspx%3FIDFile%3D155377&rct=j&q=SIMP%C3%93SIO%20NACIONAL%20DE%20EDUCA%C3%87%C3%83O%20INFANTIL%2C%201.%2C%201994%2C%20Bras%C3%ADlia.%20Anais&ei=A4eXTobcIJGTtwewor3pAw&usg=AFQjCNGcCxMI-2T09M1G1WN_zb56HNMzdw>. Acesso em: 19 jan. 2012.

   Em seguida, faça a edição de um videoclipe de 1 a 3 minutos, com imagens e frases que retratem os aspectos principais da tese desse autor. Divulgue esse videoclipe aos seus colegas e ao tutor de sua telessala.

2. Faça o seguinte questionamento a três pessoas, de diferentes faixas etárias, em sua cidade: Como você concebe e caracteriza a infância? Em seguida, realize um debate com seus colegas de telessala para apresentar e discutir as respostas dadas.

Atividade aplicada: prática

Leia artigos sobre o desenvolvimento integral do ser humano e elabore um texto de até 20 linhas apresentando argumentos sobre a importância de atividades diversificadas na educação infantil.

3

As trilhas do aprendizado na educação infantil

Evelin Baranhuk*
Maria Anita de Souza Castro**

....

* Colaboradora da segunda versão deste capítulo: graduada em Pedagogia, com 20 anos de atuação na área da educação infantil. Atuou como coordenadora pedagógica da escola Nova Geração e da escola Roda do Tempo, em Curitiba (PR).

** Colaboradora da primeira versão deste capítulo: Graduada em Pedagogia, é psicopedagoga clínica e institucional e diretora da escola Nova Geração, em Curitiba (PR).

ste capítulo apresenta aspectos do fazer docente na educação infantil com base nas experiências cotidianas de professoras de crianças de 0 a 5 anos e 11 meses, apresentando elementos da prática pedagógica para o trabalho docente, conforme indicam as Diretrizes Curriculares Nacionais para a Educação Infantil – DCNEI (Brasil, 1999, 2009b) e os Referenciais Curriculares Nacionais para a Educação Infantil – RCNEIs (Brasil, 1998c, 1998d).

Nesse contexto, adotamos como fundamentação de base os pressupostos vygotskyanos, por ser esta a linha teórica utilizada no projeto pedagógico do centro de educação infantil que nos serviu como articulador entre a teoria e prática. Enfatizamos que esta é uma entre as muitas linhas teóricas que podem delinear a filosofia da creche e da pré-escola.

3.1 Práticas pedagógicas na educação infantil: "retrocessos nos avanços"

O reconhecimento legal do trabalho com crianças de 0 a 5 anos e 11 meses passou a ser denominado de *educação infantil* somente após a

> A denominação *jardim de infância*, como já vimos anteriormente, é fruto da pedagogia desenvolvida por Friedrich Froebel, que se fundamenta na concepção de que a criança precisa ser "regada" e cuidada para que seus dons floresçam (Arce, 2004).

aprovação da Lei das Diretrizes e Bases da Educação Nacional – LDBEN (Lei nº 9.394, de 20 de dezembro de 1996 – Brasil, 1996). Antes disso, as instituições que trabalhavam com crianças eram conhecidas como *creches* e *jardins* e possuíam o estigma de instituição assistencialista, voltada para o cuidar. A denominação jardim de infância, como já vimos anteriormente, é fruto da pedagogia desenvolvida por Friedrich Froebel, que se fundamenta na concepção de que a criança precisa ser "regada" e cuidada para que seus dons floresçam (Arce, 2004).

Com isso, as empresas privadas passaram a ver o atendimento das pré-escolas – denominadas *jardins de infância* – como uma fatia de mercado em expansão, uma vez que essas instituições eram criadas para ensinar aos filhos das famílias de classe média alta e da elite. Muitas dessas instituições chamavam a atenção dos possíveis clientes com propagandas coloridas, as quais exibiam atividades diversificadas para enfatizar a importância da instrução das crianças pequenas, ou seja, para demonstrar o trabalho centrado no ensino.

Com o passar do tempo, essas instituições perceberam que as crianças reagiam aos "diferentes estímulos" criados pela escola (cartazes coloridos; jogos de encaixe; atividades motoras de caligrafia etc.) e, dessa forma, criaram diversas propostas de trabalho (atividades com base em datas comemorativas, memorização de letras e números etc.), as quais, equivocadamente, estavam restritas às observações do senso comum e aos estudos psicológicos sobre as etapas de maturação.

A competitividade entre os jardins de infância da área privada afetou as práticas de ensino. Por exemplo: enquanto uma instituição ensinava a criança a contar até o número *10*, sua concorrente, para mostrar que era mais "forte", ensinava as quatro operações. Infelizmente, essa foi a perspectiva educativa que norteou muitas instituições de educação infantil no Brasil, principalmente nas décadas de 1970 e 1980. Havia, nessa linha de pensamento, portanto, dois tipos de atendimento às crianças pequenas: as instituições privadas, voltadas para a competitividade, e as creches, voltadas para a assistência.

3.2 Ação docente na educação infantil: visões do cotidiano

Em seu cotidiano o professor se depara com diferentes dificuldades relacionadas à organização dos conteúdos e sua articulação com o tempo disponível e o espaço a ser utilizado no centro de educação infantil. Assim, na educação infantil, os conteúdos e o planejamento das atividades devem ser criteriosamente selecionados de acordo com as fases de desenvolvimento, considerando que cada indivíduo é um ser multidimensional, isto é, ao mesmo tempo biológico, afetivo, racional, psíquico e social.

É importante que o professor da educação infantil conheça o perfil de seus alunos e observe as variáveis relacionadas a esse contexto para que, assim, possa estruturar o seu plano de aula de forma segura e consistente. Para Barbosa (2010, p. 6), nas relações entre professores e crianças, "os adultos são responsáveis pela educação dos bebês, mas, para compreendê-los, é preciso estar com eles, observar, 'escutar as suas vozes', acompanhar os seus corpos. O professor acolhe, sustenta e desafia as crianças para que elas participem de um percurso de vida compartilhado". Em suma, as atividades selecionadas pelo docente devem priorizar a diversidade cultural, social e intelectual existentes na sala de aula da educação infantil.

> A LDBEN/1996 proporcionou avanços para o trabalho na educação infantil, entre eles a publicação dos RCNEIs (Brasil, 1998c, 1998d), os quais, apesar de possuírem limitações, direcionaram os objetivos a serem alcançados na primeira infância. Dessa forma, a criança, gradativamente, passa a ser vista e respeitada dentro de seus limites e potencialidades. Os RCNEIs (Brasil, 1998c, 1998d) tiveram como ponto de partida a organização de eixos que pontuam os saberes a serem desenvolvidos, os quais direcionam o olhar da instituição de educação infantil e dos pedagogos envolvidos com esse trabalho. Esses documentos estabelecem o que deve ser alcançado nas áreas de movimento, música, artes, linguagem oral e escrita, conhecimento lógico-matemático, ciências sociais e naturais, pois percebem o educando como sendo capaz de se desenvolver de forma integral e efetiva em diversas áreas do conhecimento.

Assim, abordaremos neste trabalho a necessidade de uma organização curricular por eixos do conhecimento, conforme estabelecem as DCNEI (2009b) e os RCNEIs (Brasil, 1998c, 1998d).

A proposta curricular e as situações de ensino, na educação infantil, devem ser organizadas de modo que as atividades e experiências de aprendizagem tenham um objetivo e um valor educativo. Para isso, as áreas cognitivas, linguísticas, motoras, de equilíbrio emocional, de inserção social e de relação interpessoal devem ser tratadas como capacidades humanas que o projeto educativo tem como finalidade desenvolver, e assim as teorias do desenvolvimento infantil têm embasado a elaboração das situações didáticas apresentadas por elas. A ideia fundamental é a busca pela concretização das intenções educativas por meio de situações de ensino concretas, nas quais é preciso explorar os conhecimentos específicos – movimento, música, artes, linguagem oral e escrita, conhecimento lógico-matemático, ciências sociais e naturais.

> É importante que o professor da educação infantil conheça o perfil de seus alunos e observe as variáveis relacionadas a esse contexto para que, assim, possa estruturar o seu plano de aula de forma segura e consistente.

Nosso pressuposto para isso é de que os conteúdos escolares são saberes culturais construídos historicamente. O ensino desses conhecimentos permite que seja cumprida a função social do centro de educação infantil, que é a aprendizagem de conceitos científicos e a formação humana (mediada por valores, princípios, normas e formas de ações). Nesse contexto, as atividades selecionadas devem priorizar a diversidade cultural, social e intelectual existente na sala de aula da educação infantil.

> Ao adotarmos a abordagem vygotskyana, visamos auxiliar o professor a perceber novas formas de planejar sua prática pedagógica para organizar seu tempo, seu espaço e seus objetivos, observando cada educando como único dentro do seu contexto escolar, social e cultural. Há de se reconhecer as diferenças entre a perspectiva sócio-histórico-cultural e a perspectiva construtivista, por isso, em alguns momentos, também recorremos aos conceitos piagetianos, por considerar que essa teoria influenciou o trabalho de muitas instituições de educação infantil.

Enfatizamos que a abordagem vygotskyana contribui para que possamos ilustrar o papel da linguagem no pensamento e o estudo da simbolização e do símbolo, tão presentes na criatividade e na ação da criança em sua aprendizagem. A linguagem é o sistema simbólico básico dos seres humanos. Para Vygotsky (1996, p. 258-259), a aquisição da linguagem na infância

> é ponto de partida para todas as mudanças dinâmicas que ocorrem no desenvolvimento nesse período. Define completamente as formas e o caminho que a criança segue – conforme adquire, cada vez mais, novos traços de personalidade –, a partir da atividade social, a principal fonte do desenvolvimento. Esse é o caminho pelo qual o social se transforma no indivíduo.

Mudanças qualitativas nas interações sociais da criança levam a mudanças significativas no desenvolvimento cognitivo. A escola, muitas vezes, é o único meio social de qualidade da criança, e sendo assim, deve estar preparada para provocar mudanças, e não incentivar a inércia do conhecimento. O professor, ao realizar o diagnóstico inicial das crianças, deverá partir de uma anamnese* para ter condições e dados reais e poder estabelecer os objetivos específicos, organizar materiais, espaços e meios para, assim, provocar mudanças e promover o aprendizado.

Esse diagnóstico da turma deverá ser o condutor da organização dos conteúdos, com base, é claro, na adequação da matriz curricular da escola, elaborada conforme as DCNEI (2009a), pois é o documento que normatiza os conteúdos a serem trabalhados nesse nível de ensino.

> A escola, muitas vezes, é o único meio social de qualidade da criança, e sendo assim, deve estar preparada para provocar mudanças, e não incentivar a inércia do conhecimento.

3.3 Processos de desenvolvimento do pensamento e da linguagem na criança

Vygotsky (1991) idealizava uma sociedade justa e igualitária, dando ênfase ao pensamento e à linguagem como forma de crescimento intelectual. Para ele, a linguagem tem duas funções: a de intercâmbio social e a de pensamento generalizante.

O intercâmbio social tem a função de comunicação e consiste em um sistema estruturado de um grupo humano, fazendo dos indivíduos uma sociedade. Um bebê recém-nascido não tem a linguagem desenvolvida, mas, pelas necessidades das interações, começa a apresentar pouco a pouco as palavras que integram o seu meio. Esses signos devem traduzir, de forma precisa, sentimentos, pensamentos e necessidades, independentemente das experiências

---

* Anamnese: do grego *ana*, que significa "trazer de novo", e *mnesis*, que quer dizer "memória". Literalmente, é a "perda do esquecimento". Nesse caso, trata-se de uma retrospectiva da história de vida da criança, por meio de questionário ou entrevista realizados com o sujeito ou família para conhecer sua história de vida em detalhes.

pessoais de cada indivíduo (por exemplo: a palavra *cadeira* tem um significado preciso e social).

O pensamento generalizante tem a função de categorizar, classificar, organizar e agrupar os objetos ou eventos em uma mesma classe, que torna a linguagem um instrumento do pensamento, um mediador entre o sujeito e o conhecimento. Ainda, fornece os conceitos e as estruturações reais de que essa relação com o mundo necessita, por exemplo: a ideia traduzida do objeto *cadeira* não é idêntica para todos, uma vez que a palavra *cadeira* não produz a mesma imagem mental; cada indivíduo, em seu pensamento, idealiza um tipo de cadeira, devido às suas vivências e aprendizado. Entretanto, há uma generalização comum na linguagem para que todas essas visualizações sejam compreendidas como *cadeiras*.

Vygotsky (2009) defende que a questão do significado é fundamental na análise do pensamento e da linguagem, pois é por meio do significado da palavra que o pensamento e a fala se unem em pensamento verbal. Por meio dessa integração, seria possível, então, que a criança utilizasse a linguagem, compreendendo suas funções básicas de significado e sentido das palavras (entende-se, nesse contexto, que o significado é a compreensão geral da palavra, de conhecimento de todas as pessoas que a utilizam – por exemplo, a palavra *gato* possui significado compreensível para todos que a utilizam – e o sentido é a impressão individual de cada pessoa, como um significado individual que se fundamenta em suas experiências pessoais – por exemplo, a palavra *gato* poderá trazer lembranças positivas ou negativas por meio do sentido que adquiriu individualmente.

O pensamento e a linguagem apresentam origens e trajetórias distintas. Vygotsky classificou esses dois processos da seguinte forma: *fase pré-verbal do desenvolvimento do pensamento*, referindo-se ao pensamento quando este não está totalmente integrado à linguagem verbal interiorizada; *fase pré-intelectual do desenvolvimento da linguagem*, referindo-se à linguagem quando esta não está totalmente integrada ao pensamento racional abstrato interiorizado. Segundo Oliveira (1995, p. 47), "o surgimento do pensamento verbal e da linguagem como sistema de signo é um momento crucial no desenvolvimento da espécie humana, momento em que o biológico transforma-se no sócio-histórico". Esse desenvolvimento ocorre na criança por volta dos 2 anos de idade, devido à interação com as pessoas que já possuem o domínio da linguagem como sistema simbólico.

> Vygotsky (2009) defende que a questão do significado é fundamental na análise do pensamento e da linguagem, pois é por meio do significado da palavra que o pensamento e a fala se unem em pensamento verbal.

Diante do que foi exposto anteriormente, indagamos:

> *Que tipo de interlocutores estamos formando em nossas instituições? Que tipo de contribuição os livros e as apostilas das escolas públicas e particulares estão oferecendo em seus discursos prontos? E como isso se relaciona com a educação infantil?*

O desenvolvimento da linguagem ocorre quando a criança está inserida em um grupo cultural, durante as relações de intercâmbio social (comunicação). Nesse sentido, é necessário compreender que não basta disponibilizar livros ou apostilas diversificadas, os quais apresentam linguagens "prontas", se não ocorrer na sala de aula a comunicação com significado e o ensino da linguagem fundamentado nas vivências desse grupo cultural. É preciso haver espaço para a interlocução*, a troca entre professor-crianças, crianças-professor, criança-criança.

Destacamos a importância de o professor compreender como se dá o desenvolvimento da linguagem na criança, pois mediante essa compreensão é que ele poderá planejar situações intencionais de aprendizagem. Um exemplo disso é a manifestação da fala egocêntrica em crianças pequenas. Esta é uma das fases do desenvolvimento da linguagem em que a criança fala sozinha, fala para si. Nesse momento ela está organizando seus pensamentos e manifesta-os por meio da fala, o que favorece o aprendizado gradual da internalização do discurso verbal. Esse é um processo que se completa "em fases mais avançadas da aquisição da linguagem" (Oliveira, 1995, p. 52). Assim, temos de refletir sobre a seguinte questão:

- *Em que momento esse diálogo consigo próprio tem espaço dentro das salas de aula?*

Raramente, pois o professor, muitas vezes, corre contra o tempo para dar conta dos saberes formais e do número de alunos agrupados em sala e acaba por interromper a fala egocêntrica, pois o murmúrio comumente é compreendido como *bagunça*. Para que essa fase seja proveitosa, os saberes formais devem sair das páginas estáticas e ser

---

* Interlocução é a comunicação entre locutor e interlocutor, havendo a possibilidade de trocas e a inversão de papéis, o diálogo. O locutor é aquele que emite uma mensagem. O interlocutor é aquele a quem a mensagem é dirigida e que, por sua vez, produzirá também uma mensagem.

mediados pelo professor, a fim de relacionar as especificidades e as características das crianças que irão confrontar. Nesse processo de mediação, a linguagem do professor é mais bem-sucedida quando este utiliza o lúdico como recurso para que a interação com o conteúdo seja de qualidade.

Ressaltamos que a educação infantil envolve a fase de 0 a 3 anos, momento em que a plasticidade cerebral é acentuada e as sinapses acontecem em grande escala. Dessa forma, todas as informações apresentadas nessa fase são guardadas na memória para serem utilizadas em diferentes contextos posteriormente, o que não quer dizer que o professor deva sobrecarregar a turma de conhecimentos e saberes, sem respeitar as fases do desenvolvimento e de maturação cerebral de cada criança.

Hoje, o professor de educação infantil é o que recebe a menor remuneração da categoria, porém carrega a responsabilidade de ser o primeiro a propor as primeiras atividades, informações e instruções às crianças. A educação infantil que idealizamos necessita de um profissional versátil: que compreenda que o simples fato de trocar fraldas consiste em estímulos; que saiba que sua fala é capaz de atingir as crianças, de transformá-las em interlocutores ativos; que compreenda que o processo de formação deve ser contínuo e que, assim, busque essa formação continuada.

3.4 Signos e simbolização no espaço da educação infantil

Conforme vimos no Capítulo 2, para Vygotsky (1991), nossa relação com o mundo não é direta, e sim mediada. Por exemplo: a presença dos elementos mediadores implica em relações mais complexas, ou seja, a obra de uma criança que constrói um castelo de areia com uma pá é mais elaborada do que a construção de uma criança que toca na areia com as mãos.

Cleverson Bestel

Segundo Vygotsky (1991), existem dois tipos de elementos de mediação: os instrumentos e os signos. O instrumento é um objeto entre o sujeito e a atividade a ser realizada, como a pá no exemplo anterior. A presença do instrumento amplia e potencializa as transformações do meio, ajudando nas tarefas cotidianas – como o garfo para comer, por exemplo –, bem como na transformação dos modos da vida humana – como usar automóveis para se locomover, em vez de andar.

Os signos* têm a mesma função do instrumento, porém têm base em atos psicológicos, uma vez que são representações de objetos, eventos ou situações. Ou seja, são marcas externas que possuem significado e auxiliam no cotidiano das pessoas: por exemplo, os lembretes que facilitam a memória para que as tarefas sejam cumpridas, como é o caso do famoso barbante no dedo.

* Signos são elementos abstratos de mediação com o mundo. São símbolos que constituem parte do psicológico de cada pessoa, os quais são adquiridos nas trocas sociais e divergem conforme o histórico pessoal de suas vivências individuais.

Os signos possibilitam a atividade por meio de ideias abstratas, sem a necessidade da utilização de objetos concretos o tempo todo. Nesse sentido, os signos internalizados representam os elementos do mundo e possibilitam, inclusive, o controle da psique e do comportamento das pessoas: por exemplo, as placas de trânsito são marcas externas, com significado interno que normatizam o fluxo de carros.

Portanto, esses signos são símbolos que caracterizam algo e possuem significado, consistindo em uma forma de mediar o pensamento e a ação, sendo essenciais para a realização das ações intencionais – as atividades psicológicas voluntárias – articuladas pelo próprio indivíduo. Para Oliveira (1995), é justamente em sua relação com os instrumentos de trabalho que os signos aparecem como marcas externas, as quais fornecem um suporte concreto para a ação do homem no mundo.

> A medida que a criança se desenvolve, esta começa a realizar representações mentais dos objetos do mundo real, passando a operar mentalmente sobre este – fazendo relações, planejando, comparando, lembrando. Quando isso acontece, a criança está interagindo com o real por meio do simbólico.

Consideramos, nesse ponto, que o espaço de sala de aula na educação infantil deve ser estimulante. Não no que diz respeito a enfeites que lembram personagens infantis, e sim na compreensão social do uso de instrumentos e signos durante as atividades educativas. Reiteramos que o uso de personagens infantis é útil para trabalhar com a fantasia da criança, porém é necessário o professor compreender que estes não constituem a identidade da turma.

A sala de aula na educação infantil deverá proporcionar aos pequenos que desfrutem desse espaço de forma a perceber seus limites e possibilidades. Progressivamente, esses espaços podem ganhar elementos e símbolos que despertem a curiosidade das crianças, por meio dos quais elas possam fazer constatações e realizar interações, em que estejam claras as identidades delas, e não só a do professor. O clima da sala de aula tem a função de valorizar e propiciar a liberdade de expressão dos pensamentos e das ações, para que a criança possa desenvolver, além da inteligência intelectual, a inteligência moral e a autonomia, tornando-se capaz de perceber o que é certo e o que é errado por si só, e não por imposição do meio.

Sobre isso, Foucault (1996, p. 217) aponta para a existência de poderes locais, microscópicos, disseminados nas trocas sociais: são as relações que têm base em olhares que vigiam e sancionam. O professor também faz parte desse organismo vivo que é a sala de aula e sua postura deve ser a de mediador, pois punir, sancionar ou aprovar pode limitar o pleno desenvolvimento da criança.

Para que esse ambiente favorável à aprendizagem se efetive, acreditamos que a construção deste deverá ser democrática, disponibilizando o acesso a diversos símbolos/signos que possam auxiliar as crianças no processo de construção da linguagem. Nessa perspectiva, na "construção da linguagem", a questão não é ensinar palavras a serem memorizadas pelos pequenos, e sim que compreendam a função social do uso e da aquisição da linguagem por meio das interlocuções possibilitadas entre criança-criança, criança-professor, criança-funcionários etc.

3.5 As bases do caminhar

As DCNEI (Brasil, 1999, 2009b) têm por objetivo disponibilizar aos educadores diretrizes que irão nortear o trabalho diário com as crianças pequenas. O poder dessa lei nacional contribui para uma ação integrada nessa etapa da educação básica, de modo que as ações educativas sejam comuns a todas as instituições de educação infantil.

Por sua vez, os RCNEIs (Brasil, 1998c, 1998d) são constituídos por uma coletânea de sugestões de atividades, as quais objetivam valorizar o aprendizado na educação infantil e indicar os objetivos para cada faixa etária. Os saberes nos RCNEIs (Brasil, 1998c, 1998d) são organizados por eixos de conhecimentos, estruturação que contribui para que o professor da educação infantil tenha clareza dos objetivos a serem atingidos pelas crianças. Os eixos de conhecimento possibilitam que a criança seja percebida em sua complexidade, de forma não fracionada, e com clareza sobre suas diversas potencialidades a serem desenvolvidas.

A seguir, apresentaremos alguns aspectos educativos que integram os eixos do conhecimento segundo os RCNEIs (Brasil, 1998c, 1998d).

> O professor também faz parte desse organismo vivo que é a sala de aula e sua postura deve ser a de *mediador*, pois punir, sancionar ou aprovar pode limitar o pleno desenvolvimento da criança.

3.5.1 Linguagem oral e escrita

Sobre a linguagem, o RCNEI (Brasil, 1998d, p. 121) determina:

> A linguagem não é apenas vocabulário, lista de palavras ou sentenças. É por meio do diálogo que a comunicação acontece. São os sujeitos em interações singulares que atribuem sentidos únicos às falas. A linguagem não é homogênea: há variedades de falas, diferenças nos graus de formalidade e nas convenções do que se pode e deve falar em determinadas situações comunicativas. Quanto mais as crianças puderem falar em situações diferentes, como contar o que lhes aconteceu em casa, contar histórias, dar um recado, explicar um jogo ou pedir uma informação, mais poderão desenvolver suas capacidades comunicativas de maneira significativa.

Vygotsky (2009) enfatiza em seus estudos a relação dinâmica entre a fala e a ação, observando que, nos primeiros momentos do desenvolvimento da linguagem, a fala acompanha a ação da criança, mas, no decorrer desse processo, a fala passa a antecipar a ação.

Dentro do contexto de sala de aula, o desenvolvimento da linguagem pode ocorrer de forma significativa, como sugere o RCNEI (Brasil, 1998d), quando partimos do próprio diálogo do professor com seus alunos – por exemplo, as "rodas de conversa". Esses são momentos em que a criança pode perceber a importância do seu discurso, dão-se conta que este é valioso, que alguém a escuta de verdade, que se importa com ela, o que colabora para o desenvolvimento da sua autoestima e identidade.

Sugerimos que o professor disponibilize para as crianças materiais impressos que apresentem diferentes gêneros literários, a fim de que estes possam fazer parte dos momentos culturais delas. Ou seja, que poesias, poemas, notícias, histórias e outros gêneros integrem o processo de aquisição da linguagem, tornando as palavras não somente uma forma de socialização, mas uma ferramenta de reestruturação cultural da sociedade.

Cleverson Bestel

3.5.2 Conhecimento lógico-matemático

Ainda de acordo com o RCNEI (Brasil, 1998d, p. 213):

> As noções matemáticas (contagem, relações quantitativas e espaciais etc.) são construídas pelas crianças a partir das experiências proporcionadas pelas interações com o meio, pelo intercâmbio com outras pessoas que possuem interesses, conhecimentos e necessidades que podem ser compartilhados. As crianças têm e podem ter várias experiências com o universo matemático e outros que lhes permitem fazer descobertas, tecer relações, organizar o pensamento, o raciocínio lógico, situar-se e localizar-se espacialmente.

Piaget (2002) realizou muitas explanações sobre o desenvolvimento do raciocínio lógico. Para o educador suíço, o conhecimento matemático se dá pela relação do indivíduo com o objeto e as experiências acontecem no âmbito externo, enquanto o aprendizado é interno, é pessoal. Dessa forma, o meio – nesse caso, a escola – deve proporcionar desafios que possibilitem novas descobertas. Alguns educadores se limitam a pensar, por exemplo, que atividades como *"Pinte o elefante, que é pesado, e circule a formiga, que é leve"* ou *"Pinte o grupo que apresenta mais elementos"* favorecem a construção de conceitos como densidade e quantidade.

Esses tipos de atividades não irão contribuir para a aprendizagem das crianças, pois enquanto elas não manipularem um elemento realmente pesado, comparando-o com outros objetos mais leves, não irão estabelecer as relações necessárias para elaboração do conceito de densidade. O mesmo ocorre na elaboração do conceito de quantidade: as crianças pequenas necessitam vivenciar, observar, manipular, experimentar, comparar para que depois sejam capazes de quantificar.

Repetições de atividades abstratas pouco podem contribuir para o desenvolvimento do conhecimento lógico. O papel do professor é perceber as especificidades e necessidades de seu grupo, disponibilizando objetos e lançando desafios (situações-problema) que estimulem descobertas concretas por parte das crianças, a fim de desenvolver o raciocínio lógico-matemático.

3.5.3 Conhecimento natural e social

Sobre esse conhecimento, o RCNEI (Brasil, 1998d, p. 166-167) estabelece:

> O trabalho com os conhecimentos derivados das Ciências Humanas e Naturais deve ser voltado para a ampliação das experiências das crianças e para a construção de conhecimentos diversificados sobre o meio social e natural. Nesse sentido, refere-se à pluralidade de fenômenos e acontecimentos — físicos, biológicos, geográficos, históricos e culturais —, ao conhecimento da diversidade de formas de explicar e representar o mundo, ao contato com as explicações científicas e à possibilidade de conhecer e construir novas formas de pensar sobre os eventos que as cercam. O trabalho com este eixo, portanto, deve propiciar experiências que possibilitem uma aproximação ao conhecimento das diversas formas de representação e explicação do mundo social e natural para que as crianças possam estabelecer progressivamente a diferenciação que existe entre mitos, lendas, explicações provenientes do "senso comum" e conhecimentos científicos.

As crianças de 0 a 2 anos possuem a tendência de se verem como o centro do mundo. Elas consideram que tudo em sua volta acontece a seu favor, uma vez que a fase egocêntrica proporciona esse parecer aos pequenos. Por exemplo: em uma tarde chuvosa, a criança pode tentar achar um botão que desligue a chuva para que ela possa brincar no parque, pois o mundo do faz de conta pode desenvolver nos pequenos a fantasia de controle sobre os elementos da natureza.

Existem outros fatores históricos e sociais que distanciam nossas crianças da realidade e das contribuições da natureza para o homem: o capitalismo e a industrialização, os quais criam mitos frequentes nas concepções infantis. Por exemplo: se a criança deseja algo, pensa que basta o pai ir ao banco e pegar o dinheiro para comprar o que ela quer; supõe ainda que o suco da laranja vem da caixinha e que o frango é do supermercado, entre muitas outras suposições.

A intenção do professor é de proporcionar que esses conhecimentos ocorram de forma integrada aos demais, pois os fenômenos naturais e tudo que os envolve são indissociáveis da organização social. O homem utiliza os recursos naturais e interfere diretamente no meio ambiente, uma vez que sua ação modifica paisagens. Por exemplo: existe o trabalhador que planta, o trabalhador que vende, o trabalhador que transporta, o trabalhador que estoca etc. A vida em sociedade gira em torno das necessidades apresentadas pelo homem, tanto biológica quanto socialmente.

Existe um discurso equivocado, ainda pregado por diversos educadores, de que "não podemos cortar a árvore" ou "não podemos arrancar a plantinha". Entretanto, o homem depende desses recursos para construir casas e máquinas, fabricar papel, e por essa razão árvores serão cortadas e plantas serão arrancadas. Nessa perspectiva, a visão que devemos instituir atualmente em nossas salas de aula é a da sustentabilidade*, modificando, assim, esses antigos discursos.

----

* Sustentabilidade é um conceito que apresenta a ideia do "(re)aproveitar", ou seja, que a matéria-prima para a fabricação ou a construção de materiais de uso doméstico ou comercial sejam de fontes renováveis. A intenção é evitar a extinção da matéria-prima na Terra e também contribuir para a sua preservação.

Há, em algumas culturas, o costume de os seres humanos cuidarem somente das coisas de interesse e prazer pessoal; porém, equivocam-se ao se esquecerem da importância da relação homem-natureza para o bem-estar humano e do planeta. Por isso, as propostas em sala devem integrar as crianças à natureza, fazendo-as perceber que plantar e colher e todo seu contexto são ações necessárias à sobrevivência humana.

3.5.4 Conhecimento musical

No que diz respeito ao conhecimento musical, o RCNEI (Brasil, 1998d, p. 49) determina:

> Deve ser considerado o aspecto da integração do trabalho musical às outras áreas, já que, por um lado, a música mantém contato estreito e direto com as demais linguagens expressivas (movimento, expressão cênica, artes visuais etc.), e, por outro, torna possível a realização de projetos integrados. É preciso cuidar, no entanto, para que não se deixe de lado o exercício das questões especificamente musicais.

Em geral, todos os educadores que já usaram a música para o trabalho educativo em sala de aula relatam que é uma prática que contribui ricamente para o desenvolvimento das crianças. Por meio dessa ferramenta é possível explorar vários temas, integrando as linguagens oral e escrita, a coordenação motora e a aprendizagem das ciências sociais e naturais de forma significativa e prazerosa. A percepção do efeito de prazer é, quase sempre, imediata. Podemos observar, por exemplo, que mesmo as crianças que ainda não falam são capazes de murmurar a melodia de uma música no ritmo. Conforme Neto (2006), a música ajuda a despertar muitos sistemas inconscientes de nosso cérebro e quando um músico está cantando, várias partes do cérebro são ativadas ao mesmo tempo. Em outras palavras, a música pode ser considerada um "exercício" para o cérebro.

> As tradicionais canções infantis são ricas em comandos e em gestos associados às palavras.

As tradicionais canções infantis são ricas em comandos e em gestos associados às palavras. Cantar marchando, marcando a melodia com objetos sonoros alternativos, além de ser prazeroso, estimula o cérebro, a criatividade e a socialização, porém não deve ser a única escolha para o repertório musical a ser oferecido aos pequenos. Em nossa sociedade, observamos, lamentavelmente, uma lacuna cultural em que a diversidade e tesouros culturais históricos são deixados de lado. Há de se ter cuidado para não integrar apenas o que é "comercialmente celebrado" aos projetos musicais das escolas.

Consideramos que as instituições de educação infantil devem incluir em seus planejamentos obras clássicas, óperas, músicas instrumentais, além daquelas que são consideradas alternativas, mas que, na verdade, são integrantes dos estilos que constituem o circuito musical. Embora a mídia imponha modelos, de acordo com o gênero musical e o ritmo em alta em determinado momento, a escola não deve se submeter a eles somente porque estão na moda, pois é importante conhecer todos os estilos musicais. De acordo com Chiarelli e Barreto (2010), a música e a musicalização são elementos que contribuem para o desenvolvimento da inteligência e a integração do ser na educação infantil.

Transcrevemos a seguir o depoimento da professora Evelin Baranhuk*, fruto de suas experiências vivenciadas em sala de aula:

> Se uma criança não escutar Beethoven, Vivaldi, Mozart e os demais gênios da música clássica na primeira infância, dificilmente aceitará esse gênero musical em outro momento. Porém, a escola associa esse tipo de música apenas aos momentos de relaxamento; a criança nessa fase quer correr, pular, mas Mozart é somente para acalmar! Dessa forma, a criança nunca terá prazer escutando músicas clássicas, logo Irá abominá-las. Essas obras musicais são cheias de vida, de nuances, de alegria, devem ter outra perspectiva de trabalho em sala. Brincar de maestro utilizando palitos para reger uma sinfonia imaginária, dramatizar as ondas do mar, com gestos bem expressivos ao som de Vivaldi, explorar jogos sonoros, identificando os diferentes instrumentos de uma orquestra, são sugestões em que o que era apenas para acalmar, encontra as necessidades de expressões da criança e sempre será lembrada de forma positiva pelos mesmos.

3.5.5 Artes

Com relação às artes, estabelece o RCNEI (Brasil, 1998d, p. 89):

> As crianças têm suas próprias impressões, ideias e interpretações sobre a produção de arte e o fazer artístico. Tais construções são elaboradas a partir de suas experiências ao longo da vida, que envolvem a relação com a produção de arte, com o mundo dos

---

* A professora Evelin Baranhuk é graduada em Pedagogia e atua há quase 10 anos como coordenadora pedagógica em uma instituição pré-escolar na cidade de Curitiba (PR). Ao todo, possui 20 anos de experiência na área da educação infantil.

objetos e com seu próprio fazer. As crianças exploram, sentem, agem, refletem e elaboram sentidos de suas experiências. A partir daí constroem significações sobre como se faz, o que é, para que serve e sobre outros conhecimentos a respeito da arte.

Quando você pensa nas artes, talvez lhe venha à mente apenas a importância da utilização de técnicas de pintura ou a manipulação de recursos como tinta, cola e argila. Porém, no processo de aprendizagem, o trabalho com as artes trilha um caminho introspectivo, que envolve representações de experiências pessoais, relação com a natureza e demonstração de preferências. Essas situações colaboram com a construção da imagem e da autonomia da criança.

Cleverson Bestel

As aulas de artes podem colaborar para que a criança perceba os estímulos externos e suas reações internas, importantes para a compreensão do significado dos símbolos, pois será por meio da simbolização que ela poderá expressar suas representações pessoais do mundo ao seu redor. Nesse sentido, Vygotsky (2010) afirma que o pensamento se organiza e se expressa por meio da ação artística intencional e que consiste em uma forma de comunicação dos pensamentos, das sensações e dos desejos da criança por meio dos "traços do fazer artístico".

3.5.6 Movimento

O RCNEI (Brasil, 1998d, p. 18) estabelece, sobre a questão do movimento, o seguinte:

> Pode-se dizer que no início do desenvolvimento predomina a dimensão subjetiva da motricidade, que encontra sua eficácia e sentido principalmente na interação com o meio social, junto às pessoas com quem a criança interage diretamente. É somente aos poucos que se desenvolve a dimensão objetiva do movimento, que corresponde às competências instrumentais para agir sobre o espaço e meio físico.

Cleverson Bestel

Quando a criança está se movimentando, existe todo um conjunto de ações mentais acontecendo ao mesmo tempo, regendo todo o processo da ação. Durante atividades de circuito motor*, nas quais a proposta é realizar sequências de movimentos, a criança vai organizando, antecipando e reproduzindo todas as informações, que são processadas em seu cérebro, pois a ação do movimento exige controle cognitivo.

O movimento também assume um papel importante na comunicação, principalmente das crianças pequenas, que ainda costumam associar gestos a palavras. Por esse motivo, as canções infantis são ricas para comandos gestuais, tornando essa estimulação prazerosa. Quando a criança descobre e domina suas possibilidades motoras e expressivas, amplia sua capacidade de interagir com o meio.

3.6 A rotina e a organização dos espaços e dos tempos

A rotina e a organização do espaço educativo são concebidas de acordo com o projeto pedagógico da instituição de educação infantil. Reiteramos que a rotina, os espaços e o tempo são elementos a serem considerados na elaboração da matriz curricular da escola, pois entendemos que o trabalho com os conteúdos se inter-relacionam às dimensões espaciais e temporais. Segundo as DCNEI (Brasil, 2009b), o projeto pedagógico da instituição de educação infantil deve estabelecer a abordagem teórica adotada pela instituição e ser o eixo norteador das práticas pedagógicas da organização.

No dia a dia, as crianças manifestam desejos e necessidades por meio de suas atitudes, e o professor deve estar atento a isso, a fim de poder reelaborar as práticas educativas previamente planejadas, quando necessário, e também ter o cuidado de fornecer o tempo adequado para cada atividade (Barbosa, 2010).

---

* O circuito é a realização de uma sequência de exercícios motores, como: pular obstáculos, passar embaixo de cordas, escalar muretas, engatinhar em túneis, equilibrar objetos etc.

A rotina é fundamental para o desenvolvimento da criança na educação infantil. A princípio, quando pensamos em *rotina*, pensamos em algo maçante, pois quando algo perde a graça, falamos que "caiu na rotina". Logo de início, não achamos interessante associar tal palavra ao cotidiano das crianças pequenas, porém, essa prática gera segurança nos professores, nos pais e, principalmente, nas crianças, já que novidades em demasia podem gerar ansiedade e desconforto.

A organização da rotina escolar estabelece o tempo para a realização de atividades de ensino e de cuidados pessoais, possibilitando, assim, que todas as necessidades dos pequenos – intelectuais, biológicas, sociais e culturais – possam ser trabalhadas. Também é útil para o acompanhamento dos pais, pois possibilita uma maior ciência do cotidiano de seus filhos. A rotina também ajuda a desenvolver a socialização, nas atividades de cooperação coletiva, e propicia o crescimento da autonomia – que se torna visível com o passar dos dias, pois a rotina possibilita à criança prever e antecipar as atividades, fazendo com que seja mais fácil para ela opinar e agir com independência.

> A proposta da criação de uma rotina parte da necessidade de haver uma estruturação do tempo e do espaço na sala de aula. Sobre essa questão, Barbosa (2010, p. 8) diz que "As crianças pequenas precisam de tempo, de tempos longos para brincar, para comer, para dormir. Tempos que sejam significativos".

A rotina deve apresentar propostas diversificadas que possam atingir os aspectos fundamentais – físico, psicológico, intelectual e social – do desenvolvimento da criança. É relevante, então, que o roteiro diário seja disponibilizado em um local de fácil visualização para todos, a fim de que as crianças possam perceber, de forma independente, a passagem do tempo. O professor irá estimular essa percepção por meio da manipulação desse roteiro, relembrando às crianças as atividades que já foram desenvolvidas e as que ainda estão por vir.

Sugerimos que seja colocado um painel em uma das paredes da sala, o qual deve conter palavras e ilustrações que representem tudo o que acontecerá durante o dia. As ilustrações devem condizer com as ações, pois as figuras são signos que devem ganhar simbolismo na ação da criança. Esse painel deve ser consultado em todo início de período e as atividades já realizadas devem ser descartadas ou riscadas, para que a criança possa perceber que o tempo está passando. Com o passar dos dias, as crianças devem ser incentivadas a manipular esse painel, descartando elas mesmas o que já passou.

> A rotina é fundamental para o desenvolvimento da criança na educação infantil.

Já no primeiro dia de aula, a rotina deve estar visível, porém, sua instauração efetiva só poderá acontecer após a percepção das características de cada turma. As propostas para que essa rotina aconteça devem ser distintas, é preciso respeitar o ritmo natural das crianças pequenas. Na medida em que a concentração e a ação das crianças se tornem mais produtivas, outra rotina deve ser estabelecida.

Diante dos relatos das professoras Baranhuk e Castro*, fundamentados em seus longos anos de experiência em sala de aula de instituições de educação infantil, estruturamos um exemplar de atividades educativas que podem integrar a rotina em creches e pré-escolas.

3.6.1 Cantos

Os "cantos" são uma estruturação da sala de aula, na qual o professor disponibiliza (sobre as mesas ou nos cantos da sala) materiais, jogos

---

* As professoras colaboradoras foram citadas em nota no início deste capítulo.

ou atividades para as crianças escolherem e se ocuparem no momento da entrada, na primeira hora do dia, em que alguns dos colegas ainda estão por chegar.

A escolha dos materiais a serem disponibilizados nesses "cantos" deverá ser criteriosa e constantemente diversificada, a fim de propiciar desenvolvimento e aprendizagem e também auxiliar na distração positiva nos momentos iniciais do dia, momentos em que a criança se separa da família para ficar na escola.

Cleverson Bestel

Algumas das atividades podem envolver, por exemplo, o uso de "sucatas" – nesse caso, sugerimos que sejam selecionadas embalagens de higiene e de alimentos, a fim de direcionar os jogos simbólicos que venham a se desenvolver; outra sugestão é utilizar uma caixa com roupas diversas, como fantasias e roupas de adultos; o objetivo é a personificação da criança para desempenhar papéis sociais, momento em que os pequenos se remetem à fala dos mais velhos – essa atividade ajuda o professor a observar a "leitura de mundo" que essa criança vem desenvolvendo. Também podem ser oferecidos jogos de montar, de dominó, de memória, de trilhas, entre outros. A intenção é que a criança entre em contato com as regras simples que os jogos proporcionam, para perceber a existência destas de forma lúdica, auxiliando no cumprimento das regras sociais já existentes na sala de aula e na instituição de ensino.

Em suma, a proposta é proporcionar autonomia às crianças, sendo que a mediação do professor só ocorrerá quando necessária. O professor, ao observar os grupos, poderá perceber, por exemplo, a criança que conduz as situações e aquela que mantém a organização dos elementos disponibilizados. A responsabilidade dos pequenos e sua independência para lidar com as mais diferentes situações ficam evidentes, sendo este um momento rico para o professor avaliar o perfil e a maturidade do grupo.

3.6.2 Hora da roda

A hora da roda é uma atividade em que as crianças são colocadas em círculo para um momento de diálogo aberto; o objetivo é que elas possam se expressar livremente. Você poderá encontrar essa proposta de atividade educativa com diversas nomenclaturas: *hora da roda, roda da conversa, roda da rotina, hora da novidade, hora da história, hora da música* (Tristão, 2006). Essa nomenclatura fica a critério da instituição, assim como todos os outros momentos da rotina, pois a escola deve ter autonomia para adequar sua prática pedagógica às especificidades do público a que atende. O importante é que essa ação seja efetiva, diária e levada a sério pelo profissional que irá conduzi-la.

Esse momento de diálogo é fundamental para o desenvolvimento do papel de interlocutor da criança, assim como a autonomia, a autoimagem, a identidade e a socialização. Nesse instante, os pequenos devem ser instigados a falar, buscando palavras para expressar seus pensamentos. De acordo com Vygotsky (2009), o sistema simbólico refere-se ao conjunto de representações do mundo real criado por uma cultura; é a representação "abstrata" do mundo. A linguagem é a representação mais complexa desse sistema simbólico de leitura de mundo, expresso por meio das palavras. Segundo Oliveira (1995, p. 34), o processo de internalização mediante o contato com sistemas simbólicos é essencial para o desenvolvimento dos processos mentais superiores, o que evidencia a importância das relações sociais entre os indivíduos.

Nessa roda, o professor pode começar perguntando se alguma criança deseja compartilhar algo com os colegas – uma novidade, uma sugestão etc. –, estando sempre atento à mediação, para que as falas não se tornem devaneios coletivos. Também podem ser apresentadas as propostas do dia por meio do mural de rotina, já citado. Pode-se também utilizar esse espaço de tempo para apresentar os relatos e/ou objetos que integram a caixa surpresa com a descrição do final de semana de uma criança da turma; ou a leitura do diário sobre o final de semana da mascote da turma na casa de outra criança, ou algo semelhante. O objetivo é o relato das atividades familiares feito pelas crianças por meio de objetos, imagens e textos, visando desenvolver a oralidade por meio de mecanismos concretos.

Esse trabalho, que envolve a linguagem oral, deverá possibilitar com frequência a fala de todas as crianças, inclusive, estimular as mais reservadas, sem a preocupação de controle excessivo do tempo necessário para tal. Essa atividade não pode ser reduzida a um monólogo, em que só o professor fala e as crianças repetem as respostas dadas por ele, estabelecendo uma relação unilateral.

> Esse momento de diálogo é fundamental para o desenvolvimento do papel de interlocutor da criança, assim como a autonomia, a autoimagem, a identidade e a socialização.

O fato de que uma criança é capaz de agir mentalmente sobre o mundo real, planejando e comparando, aponta para a sua capacidade de representar mentalmente o real, e a fala é o mecanismo facilitador desse processo. Sendo assim, esse momento da rotina é uma atividade fundamental para o desenvolvimento da linguagem oral.

3.6.3 Hora da atividade

Os signos são elementos internos que são ampliados à medida que a criança se desenvolve, articulados e organizados a um sistema simbólico que possibilitará seu envolvimento com o meio, permitindo a socialização e a sistematização de ideias partilhadas socialmente. Por exemplo: a palavra *festa* faz parte de um sistema simbólico e tem o mesmo significado para todas as pessoas; porém, o sentido e a representação mental de *festa* será de acordo com o que cada pessoa já viveu e viu, pois a palavra em si não é uma "coisa", e sim uma representação mental de um contexto dinâmico.

 A atividade de registro escrito (desenho, pintura e escrita em diversos materiais) é o momento em que a criança coloca sobre papel, massa de modelagem, argila ou papelão, entre outros materiais, suas impressões e aprendizado sobre o que foi abordado. Muitas vezes associamos, erroneamente, que o registro dessas impressões está somente ligado às linguagens oral e escrita. No entanto, como educadores, sabemos que a linguagem possui múltiplas faces – artística, cênica, rítmica, musical etc. O professor pode explorar essas formas de expressão, a fim de que a criança possa simbolizar o que era, para ela, em um instante anterior, apenas mental. Compartilhar o resultado desse registro com o grupo é muito importante, pois esse é o momento no qual os pequenos organizam seus pensamentos.

3.6.4 Hora do lanche e da higiene

Esse momento atende às necessidades biológicas das crianças, porém não deve ser tratado como um apêndice à proposta da escola. É um momento em que o adulto responsável pode aproveitar a circunstância para fazer colocações pertinentes, que possam contribuir para a aquisição de hábitos saudáveis.

Em uma sociedade em que a correria do dia a dia interfere na saúde da população, as refeições perdem espaço para outras atividades, como o trabalho, o programa preferido, entre outras. Com isso, a alimentação e os hábitos de vida saudáveis têm perdido espaço em nosso cotidiano. Quando nos referimos à *alimentação saudável*, referimo-nos à escolha do alimento, ao tempo de mastigação, a sentir o gosto do alimento antes de engoli-lo etc. O ato de mastigar, alternando a respiração, em conjunto com o movimento da mão que é levada a boca, faz parte de um processo motor e cognitivo que contribuirá, de alguma forma, para o desenvolvimento da criança.

Considerando o ambiente/espaço em que as refeições são realizadas na escola de educação infantil, é necessário que este seja adequado às necessidades das crianças, auxiliando na independência dos seus atos. Enfim, busca-se, na rotina da creche e da pré-escola, que a hora da refeição possibilite a conscientização e a incorporação de hábitos de vida saudáveis para a preservação e a qualidade de vida do ser humano.

A hora da higiene bucal e das mãos, realizada após os lanches, deve ser encarada também como um momento de aprendizado de hábitos saudáveis, não devendo o professor considerar que está realizando apenas uma tarefa assistencialista. Nesse sentido, é relevante compreender que todos os momentos são educativos e de cuidados e que ambas as funções se inter-relacionam. Busca-se, assim, assumir a postura de que a creche e a pré-escola são espaços em que bons hábitos são adquiridos desde cedo, pois nem sempre todas as crianças têm experiências de higiene em casa.

3.6.5 Hora do movimento e da brincadeira

Como mencionado no Capítulo 2, as crianças são, muitas vezes, expostas a mídias que incentivam constantemente o consumismo, a inércia e a sexualidade precoce. Infelizmente, o capitalismo impera e a sociedade parece não considerar isso nocivo; contudo, consideramos que esses estímulos roubam a infância da criança, fazendo-a se preocupar e se envolver excessivamente no mundo adulto.

> Reiteramos que a infância é o momento de brincar, movimentar-se, correr, pular, subir, descer, relacionar-se etc. Por essa razão, o professor deve evitar a inércia e proporcionar momentos em que as crianças possam descobrir suas limitações e potencialidades, utilizando o corpo como forma de socialização.

Estar em contato com seu próprio corpo e perceber que cada "pedacinho" dele tem sua importância ajuda a criança a construir a sua autoimagem corporal. Nesse sentido, as atividades devem acontecer dentro e fora da sala, permitindo, assim, que todos os espaços da escola sejam explorados. Esse momento pode ser dirigido pelo professor, que pode propor jogos coletivos e circuitos motores ou também explorar o momento como atividade livre para observar atentamente as brincadeiras criadas pelas crianças.

3.6.6 Hora do conto

A educação infantil envolve fases muito peculiares das crianças. São momentos em que elas estão passando por fases egocêntricas, assimilando as linguagens, aprendendo a conviver socialmente, descobrindo a cada dia um saber novo e resolvendo muitos desafios e situações-problema. Há quem diga que os primeiros anos de vida da criança é uma fase muito fértil e criativa, pois é nessa época em que elas, geralmente, acreditam em monstros, fadas, duendes, que a chuva cai para saciar seu desejo, que a cadeira da qual acabou de cair merece "uns bons tapas" por tê-la derrubado, entre outras coisas. Esse é o mundo "centrado em si mesma" da criança pequena.

Percebemos, então, que as histórias infantis se enquadram nesses pensamentos: nelas o cachorro fala, a nuvem assopra, o monstro assusta. Quando o professor lê uma história infantil, está se reportando a esse mundo, desmistificando fatos, apontando temores, compartilhando descobertas. Sabemos também que uma criança pode escutar milhares de vezes a mesma história sem se enfadar, pois está se deparando com o seu mundo: o mundo do "faz de conta".

Sugerimos, assim, que o professor, ao elaborar seus planos de aula, leia antecipadamente as histórias que farão parte da sua proposta de ensino. Que ele, além de ler a história para as crianças, possa contá-la incorporando à narrativa sua personalidade, emitindo vozes diferenciadas, além de imitar sons e movimentos. Enfim, que ele faça desse momento um instante "mágico", escolhendo uma música para iniciar e terminar o conto, organizando um tapete ou um pano para que as crianças possam sentar-se para ouvir essa aventura, além de discursar a favor da integridade física desse "valiosíssimo material impresso" que é o livro. Isso porque, como sabemos, somente um bom leitor é capaz de formar bons leitores.

Finalizamos este capítulo alertando os leitores que esse é um breve exemplar, entre as muitas formas de encaminhar os procedimentos metodológicos na educação infantil. Existem outras possibilidades, as quais deverão seguir a legislação vigente, a bibliografia da área e os documentos norteadores do Ministério da Educação (MEC).

Síntese

Este capítulo apresentou exemplos de ações educativas para o trabalho do professor na educação infantil fundamentados no RCNEI (Brasil, 1998d) que apresentam o movimento, a música, as artes visuais, a linguagem oral e escrita, a natureza e a sociedade e a matemática na educação infantil como eixos de trabalho. Consideramos, aqui, o professor como um mediador entre a fase que a criança se encontra e a fase em que ela deverá chegar. Poeticamente falando, ele é como um barqueiro, que deve conhecer as ondas, o mar e o tempo para alcançar a outra margem do rio. O planejamento, as propostas e os projetos educativos são de extrema importância para a organização da rotina, dos espaços e dos tempos nos momentos de ensino. Nesse sentido, planejar é uma forma proativa de organizar as condições de aprendizagem.

Indicações culturais

Artigo

BRANCO, A. U.; MACIEL, D. A.; QUEIROZ, n. L. n. de. Brincadeira e desenvolvimento infantil: um olhar sociocultural construtivista. Cadernos de Psicologia e Educação Paideia, Ribeirão Preto, v. 8, n. 14/15, p. 74-90, 2006. Disponível em: <http://www.scielo.br/pdf/paideia/v16n34/v16n34a05.pdf>. Acesso em: 6 jun. 2011.

Nesse texto, as autoras discutem o conceito de brincar e os significados da brincadeira em cada cultura, além de destacar sua importância no desenvolvimento da criança. Finalizam refletindo sobre o papel do professor de educação infantil nesse contexto.

Sites

BRASIL. Ministério da Educação e do Desporto. Secretaria de Educação Fundamental. Referencial Curricular Nacional para a Educação Infantil: formação pessoal e social. v. 2. 1998. Disponível em: <http://portal.mec.gov.br/seb/arquivos/pdf/volume2.pdf>. Acesso em: 17 ago. 2011.

____. Referencial Curricular Nacional para a Educação Infantil: conhecimento de mundo. v. 3. 1998. Disponível em: <http://portal.mec.gov.br/seb/arquivos/pdf/volume3.pdf>. Acesso em: 16 ago. 2011.

O volume 2 aborda aspectos da experiência de formação pessoal e social, enfatizando os processos de construção da identidade e da autonomia das crianças. O volume 3 versa sobre os conhecimentos de mundo e contém documentos referentes aos eixos de trabalho movimento, música, artes visuais, linguagem oral e escrita, natureza e sociedade e matemática.

Atividades de autoavaliação

1. Leia as afirmativas sobre o papel do professor da educação infantil e, em seguida, marque a alternativa correta:

I. O professor deve manter um discurso unilateral, pois é ele quem deve passar os saberes aos alunos.

II. O professor é fundamental para as atividades de cuidar e brincar.

III. O professor deve observar o desenvolvimento e permitir a autonomia das crianças em todos os momentos para que o aprendizado formal aconteça.

IV. É papel do professor planejar de forma pré-ativa a ação educativa e organizar as condições de aprendizagem, bem como, numa fase pós-ativa, quando documentar os resultados obtidos, ajustar as formas de ação e verificar a qualidade do desenvolvimento do seu trabalho.

a) Somente a II.
b) Somente a IV.
c) III e IV.
d) Todas as afirmativas estão corretas.

2. Conforme a teoria de Vygotsky, abordada no Capítulo 3, assinale (V) para verdadeiro e (F) para falso nas seguintes afirmações:

( ) A marcha do organismo está em busca do raciocínio lógico no processo de equilibração.

( ) Uma das áreas de interesse é a fala, pontuando a importância da fala lógica.

( ) O conceito de zona de desenvolvimento proximal é resultado dos estudos de Vygotsky.

( ) A linguagem é um intercâmbio social.

( ) A fala egocêntrica faz parte do processo do desenvolvimento da linguagem, pois é a forma de organização do pensamento da criança.

Agora, marque a alternativa que contém a sequência correta:
a) F, F, V, V, V.
b) V, F, V, V, V.
c) F, F, F, V, V.
d) F, F, F, V, F.

3. Considerando a importância da rotina na educação infantil, marque a alternativa correta:
   a) A rotina para a educação infantil inspira segurança e diminui a ansiedade das crianças.
   b) Por meio da rotina, a criança percebe que o professor sabe o que é melhor para ela.
   c) Antecipar os fatos, gerando autonomia e independência, é um dos resultados do trabalho realizado por meio da rotina.
   d) A rotina pode ser modificada de acordo com o decorrer do desenvolvimento das crianças.

Atividades de aprendizagem

Questões para reflexão

1. Por que é importante o professor da educação infantil conhecer o perfil de seus alunos e observar as variáveis relacionadas a esse contexto?

2. Como podemos contribuir para a formação de interlocutores nas salas de aula da educação infantil?

Atividades aplicadas: prática

1. Pesquise classificações para brinquedos em *sites*, livros e artigos de revistas. Em seguida, escolha um brinquedo específico e elabore um texto comentando:

    a) a importância de o professor oferecer às crianças brinquedos adequados a sua faixa etária, adequados à segurança infantil;

    b) as possíveis contribuições do brinquedo para o desenvolvimento e a aprendizagem da criança por meio de atividades pedagógicas.

2. De acordo com as funções de cuidar e de educar na educação infantil, defina uma faixa etária a ser atendida pelo professor e planeje um roteiro com as atividades diárias a serem realizadas em um período integral.

4

Possibilidades de investigação na educação infantil

Neste capítulo, buscamos abordar as possibilidades de uso do diagnóstico da realidade cotidiana nas creches e nas pré-escolas como um dos elementos para a formação inicial e continuada do professor da educação infantil. O objetivo deste capítulo é trabalhar numa perspectiva de indagação do que é pesquisar a prática pedagógica na educação infantil e quais as contribuições dessa prática para a formação docente.

Ressaltamos que o incentivo à pesquisa do cotidiano e o olhar observador durante o curso de graduação contribuem para uma formação de qualidade. Podemos exemplificar essa concepção na disciplina de Pesquisa e Prática Profissional, a qual integra o curso de Pedagogia a distância do Centro Universitário Uninter e visa ressaltar a importância de o professor compreender a perspectiva da investigação no seu fazer pedagógico, como aspecto necessário ao planejamento do seu trabalho em aproximação com a prática profissional. A investigação sobre as áreas de atuação do professor e

> Ressaltamos que o incentivo à pesquisa do cotidiano e o olhar observador durante o curso de graduação contribuem para uma formação de qualidade.

pedagogo contribui para que os estudantes, durante a sua formação, identifiquem e compreendam os problemas existentes no cotidiano e as práticas realizadas pelos professores em seu trabalho docente.

Nesse contexto, repetimos aqui duas perguntas-base utilizadas nas obras de Cortelazzo e Romanowski (2008):

> *Qual a contribuição da pesquisa na formação de professores?*
> *Por que a pesquisa na sala de aula?*

Antes de respondermos a essas duas questões, vamos definir o que entendemos por *pesquisa*. Definimos pesquisa aqui como um conjunto de atividades orientadas para a busca de determinado conhecimento. A pesquisa científica se distingue por adotar um método que obedece a critérios estabelecidos e possuir rigor na execução das técnicas e da análise da realidade empírica. Uma vez que, para os professores da educação infantil, a realidade empírica é a prática de sala de aula, não pretendemos cumprir todo o rigor dos métodos da pesquisa científica, e sim utilizá-la como meio de reflexão da prática pedagógica observada.

Sobre a contribuição da pesquisa na formação de professores, podemos dizer que ela tem um papel didático na formação do professor, pois amplia o campo de estudo para além da docência, oportunizando a construção de uma base teórica. Nesse sentido, passa-se a entender a prática na perspectiva de seus determinantes e não apenas por "achismos".

> A pesquisa desenvolve habilidades e capacidades para a realização da investigação em educação, além de habilidades de produção de texto científico e a autonomia. A tendência de quem pesquisa (lê, analisa, reflete, estabelece relações) é avançar e ampliar o seu próprio conhecimento a cada dia.

Com a prática da pesquisa como parte da formação e da atuação pedagógica, as escolas passam a ter no seu dia a dia, em seu cotidiano, um professor que, em sua formação, empreendeu o refinamento de suas metodologias de pesquisa e de ensino.

Os estudantes do curso de formação de professores, ao compartilharem os problemas que observaram durante a pesquisa, partem em busca de alternativas de encaminhamentos. Dessa forma, eles estarão, a cada dia, apreendendo mais aspectos da prática docente, pois a pesquisa possibilita o autoquestionamento.

Inferimos, nesse contexto, que a falta de integração entre a pesquisa e a prática profissional do docente se deve a pouca produção de projetos integrados, resultando em uma baixa qualidade das pesquisas. Por consequência, o custo da publicação das pesquisas se eleva, causando também uma queda na qualidade dos trabalhos. Observamos essa baixa qualidade das pesquisas porque estas ainda estão muito voltadas para a prática pela prática, deixando a desejar no aprofundamento e na análise da teoria. Há uma tendência de os professores fazerem intervenções sem antes ter analisado os dados da realidade vivenciada.

Nesse sentido, a formação de pesquisadores se torna restrita, pois pesquisar requer dedicação intensa, disponibilidade de tempo e de condições para o acesso às fontes de referências, sólida formação direcionada para essa tarefa, entre outros. Entretanto, ainda temos a expectativa de que, com a implantação dessa prática nos cursos de formação docente, possamos avançar na compreensão de nossa prática, buscando soluções viáveis para os problemas elencados. Isso porque a pesquisa torna o professor um produtor de conhecimento e não somente um consumidor. Nós, professores da educação infantil ou de qualquer outro nível de ensino, consumimos muito o conhecimento dos outros, e o nosso principal objeto de consumo é o livro – além disso, sabemos que, especialmente na educação infantil, há ainda a adoção de apostilas que apresentam o passo a passo de atividades e desenhos com os quais a criança irá interagir.

Consideramos, sim, que o livro didático pode ser, em alguns momentos, muito útil ao trabalho escolar, contudo, não pode "engessar" o conhecimento nem ser o único guia. O livro complementa o trabalho do professor, mas só o profissional que possuir senso crítico e capacidade para produzir conhecimento será capaz de utilizá-lo adequadamente.

> O professor de educação infantil que tem uma formação de qualidade compreende que os objetivos da aprendizagem são definidos antes que determinados materiais sejam utilizados para determinada aula. Esse professor vai preparar sua prática com base no que deseja que as crianças aprendam e é nesse momento que deixa de ser um mero consumidor para ser também produtor. O professor nunca deixará de ser consumidor, no entanto, não estará alienado, pois, ao analisar, avaliar, apreciar e adaptar o seu material de trabalho, possibilitará o desenvolvimento intelectual e a autonomia por meio de novos processos de ensino.

Cortelazzo e Romanowski (2008) afirmam que a pesquisa desenvolve habilidades investigativas, como planejamento, organização, classificação, seleção de dados, análise, interpretação e síntese. Além dessas habilidades, também propicia atitudes como motivação, curiosidade, vontade de encontrar explicações, constatação da complexidade das necessidades e reflexão. O professor deixa de ser aquele profissional que só recebe, passando a aprender, e é esse constante aprendizado que vai resultar cada vez mais em um trabalho melhor. Um trabalho melhor para quem? Para as crianças.

Sobre a importância de a pesquisa estar presente na sala de aula, podemos afirmar que esta ajuda o professor e a equipe pedagógica a entenderem melhor o que ocorre em sala de aula, a conhecerem a dinâmica do processo de ensino-aprendizagem para, assim, poder intervir positivamente nele. A pesquisa possibilita a apreensão e a aprendizagem dos processos de produção do conhecimento e o questionamento da sua prática, de forma a desenvolver atitude autônoma investigativa, criativa e comprometida. Somente um professor autônomo poderá contribuir na formação de cidadãos também autônomos.

O incentivo à pesquisa se tornou componente legal por meio da Lei de Diretrizes e Bases da Educação Nacional – LDBEN, Lei nº 9.394, de 20 de dezembro de 1996 (Brasil, 1996) – e do Parecer do Conselho Nacional de Educação – Parecer nº 22, de 17 de dezembro de 1998, que estabelece as DCNEI (Brasil, 1998a), nos quais podemos constatar a valorização da prática de pesquisa. Esse é mais um motivo para a inserção das práticas de pesquisa nos cursos de formação de professores e a implantação de programas de pesquisa em creches e pré-escolas.

Ressaltamos que, quanto mais você observar a prática pedagógica com um olhar crítico de pesquisador, de quem pergunta os motivos e busca as causas, melhor será a sua atuação como docente e maior a ampliação do seu conhecimento. Nesse sentido, almejamos professores que desempenhem a atividade docente com conhecimento científico aprofundado dos conteúdos a serem ensinados, sendo esses conteúdos todos cuidadosamente planejados, caracterizando o ato educativo intencional também na faixa etária de 0 a 5 anos e 11 meses.

A pesquisa propicia a análise por meio de novas perspectivas, com maior questionamento e confronto em relação ao que está sendo pesquisado, ampliando capacidades, promovendo autoconhecimento, aperfeiçoando a prática, otimizando o tempo escolar e qualificando a produção do conhecimento. Como afirma Cortelazzo e Romanowski (2008), a pesquisa enriquece a participação social proativa, no sentido de prevenir e antever problemas, possibilitando a ação antecipada e um posicionamento político diante do currículo.

A pesquisa da prática profissional possibilita a vivência da intersecção entre a teoria e a prática educativa. Trata-se de um movimento da realidade para a teoria e vice-versa, num contínuo de interações. As reflexões realizadas após o levantamento dos problemas e dos dados da prática educativa permitem aos estudantes do curso de formação de professores a compreensão dessa mesma prática.

A formação para a prática pedagógica se efetiva na medida em que os estudantes conhecem progressivamente a prática em sala de aula e refletem sobre ela, ou seja, conscientizam-se da realidade das políticas públicas e dos sistemas educacionais que influenciam suas atividades.

> Compreender a importância da iniciação à pesquisa é essencial para buscarmos o conhecimento científico. Nesse sentido, iremos retomar alguns conceitos para compreender com mais clareza o que é pesquisa e que tipo de conhecimento busca-se na prática educativa.

Conforme Marconi e Lakatos (2002), os tipos de conhecimento são: popular, filosófico, religioso e científico. O conhecimento popular é o conhecimento empírico, da experiência, do cotidiano, do dia a dia, e é movido pela razão e pela lógica, sem ter, no entanto, a preocupação com a comprovação. O filosófico é um conhecimento também fundamentado na razão e na lógica, contudo, não é na experiência concreta que ele se efetiva, mas sim por meio da reflexão das ideias. Nesse caso, não há a comprovação científica em si, pois suas teorias têm base na dedução.

Por sua vez, o conhecimento religioso é um ato de fé, não é questionável e não há nele a busca da verificação. Podemos perceber isso na ideia do milagre: você acredita nele ou não. Por fim, o conhecimento científico é fundamentado na lógica, na razão e na verificação da experiência, surgindo com base em pesquisas empíricas. O conhecimento científico é real, pois consiste em um fato da ciência; é contingente, porque é a experiência aliada à razão; é sistemático, pois tem uma ordem lógica; é verificável, pois pode ser comprovado; é falível, porque não é definitivo; e por essa razão é aproximadamente exato, pois busca a reformulação de teorias existentes (Marconi; Lakatos, 2002).

> É importante que o docente da educação infantil planeje suas aulas tendo como base os conhecimentos científicos construídos socialmente e acumulados historicamente, sendo a educação formal o lócus privilegiado para o acesso a esse conhecimento. Assim, compreender as características e a relevância da teoria é fundamental para a disseminação dessa educação formal.

O conhecimento popular é acessível a todos os lugares, já o conhecimento científico é priorizado na educação formal. Um exemplo simplificado desse fato é o conceito que temos de Lua: em casa, aprendemos que a Lua é bela, a Lua é bonita, a Lua é cheia, mas é na escola que vamos descobrir que a Lua é o satélite natural do planeta Terra.

A ciência é construída por meio da pesquisa. Nesse sentido, podemos considerar a definição de ciência na visão de Ferrari (citado por Marconi e Lakatos, 2002, p. 84): "A ciência é todo um conjunto de atitudes e de atividades racionais, dirigidas ao sistemático conhecimento com objetivo limitado, capaz de ser submetido a verificação". Por essa razão, muitas vezes perguntamos: É comprovado pela ciência? Quem já não ouviu a seguinte afirmação: Surgiram novos remédios para o tratamento do câncer, no entanto, ainda não há uma comprovação científica de que eles sejam benéficos. Isso significa que ainda não há um estudo aprofundado, com métodos e técnicas de testagem suficientes para garantir os efeitos e os benefícios de determinado remédio.

Segundo Severino (2004), a ciência é constituída por um conjunto de atitudes e de atividades racionais. Nas ciências sociais, também há métodos e técnicas de coletas de dados que nos permitem a aproximação da causa, da origem, da essência do que pretendemos descobrir. Quanto mais realizarmos pesquisas em educação que adotem rigorosamente métodos e técnicas no decorrer da investigação, mais próximos estaremos da veracidade da situação investigada. As ciências possuem elementos que precisam ser estudados para sabermos mais sobre algo e, assim, ampliar o conhecimento sobre este.

Conforme Marconi e Lakatos (2002), *método* é o conjunto de atividades sistemáticas racionais para alcançar determinado objetivo. O "Método Científico é o conjunto das atividades sistemáticas e racionais que, com maior segurança e economia, permite alcançar o objetivo, traçando o caminho a ser seguido, detectando erros e auxiliando as decisões do cientista" (Marconi; Lakatos, 2002, p. 85).

> Quanto mais realizarmos pesquisas em educação que adotem rigorosamente métodos e técnicas no decorrer da investigação, mais próximos estaremos da veracidade da situação investigada.

Nessa perspectiva, ressaltamos que o objetivo de adotarmos a pesquisa como um dos elementos que contribuem na formação docente é que o professor conheça a origem do problema e assim possa determinar a "melhor" ação educativa a ser adotada.

4.1 Pesquisa da prática profissional na educação infantil*

Para a pesquisa da prática profissional na educação infantil, sugerimos algumas ações que objetivam guiar a investigação em creches e pré-escolas. Organizamos esse tipo de pesquisa diagnóstica em dois momentos distintos:

1 Coleta de dados teóricos e práticos de forma exploratória.
2 Elaboração e apresentação de relatório.

Em um primeiro momento, indicamos o levantamento inicial acerca das concepções de infância, da formação profissional e da organização do espaço/ambiente numa instituição de educação infantil. Esse levantamento inicial será feito por meio de observações, conversas informais e/ou entrevistas. Quando se trata de uma única instituição a ser investigada, podemos caracterizar o trabalho como um estudo de caso, no qual os dados não serão generalizados, mas utilizados unicamente como suporte para uma reflexão acerca da organização política e pedagógica da educação infantil na atualidade, a ser socializada em momentos de aulas dos cursos de formação docente.

Para a caracterização do centro de educação infantil, o estudante poderá fazer um breve levantamento sobre as seguintes informações relativas à instituição pesquisada: localização, tempo de funcionamento, natureza da mantenedora (pública ou privada), número de estudantes matriculados, número de estudantes em cada turma, número de professores, níveis de formação de seus profissionais (professores, educadores, atendentes, funcionários, integrantes

---

* Não apresentamos aqui a definição conceitual de todos os métodos de pesquisa, por isso recomendamos que os métodos e técnicas mencionados nesta seção sejam, posteriormente, complementados com a leitura da obra de Marconi e Lakatos (2002).

da equipe pedagógico-administrativa) e principais pressupostos do projeto pedagógico.

Em sua pesquisa, o estudante deverá realizar observações, conversas informais e/ou entrevistas para, dessa forma, identificar a concepção de infância que orienta a organização do trabalho pedagógico na instituição investigada. A fim de levantar dados acerca desse tema, poderá também coletar informações que respondam as seguintes questões: O que é infância?; Como você define/caracteriza a criança?; O que é necessário para construir uma proposta pedagógica para a infância?.

Por meio dessas conversas informais e/ou entrevistas, o estudante organizará um levantamento acerca da formação acadêmica dos profissionais que atuam na instituição de educação infantil estagiada e construirá uma tabela com esses dados para facilitar sua visualização e interpretação. Após coletar essas informações, é adequado conversar com os profissionais da instituição para identificar o que eles consideram mais importante na formação do profissional que atua na educação infantil.

A seguir, apresentamos algumas questões que podem orientar esse segundo momento e que podem ser respondidas durante a leitura integral desta obra:

- Você considera importante que o profissional que atua na educação infantil (desde o berçário) tenha uma formação inicial mínima exigida por lei?
- Para você, em que nível de ensino deve acontecer a formação inicial do profissional que irá atuar na educação infantil?
- O curso de formação de professores para educação infantil deve enfatizar quais saberes e/ou habilidades?
- Como deve ser organizado o currículo do curso de formação docente à educação infantil?
- Quais as características mais importantes que uma pessoa deve ter para atuar profissionalmente na educação infantil?

Para investigar a organização do espaço/ambiente na educação infantil, observe e descreva os diferentes espaços disponíveis na instituição de educação infantil estagiada, o modo como foram organizados e como são utilizados no cotidiano das atividades desenvolvidas com e pelas crianças. Por meio de conversas informais e/ou entrevistas, procure identificar se há alguma intencionalidade na organização desses espaços (se houver, procure saber que intencionalidade é essa) ou se os espaços são organizados de modo aleatório, sem uma finalidade bem definida.

Após a coleta dos dados, é importante socializar com o próprio grupo de estudos as respostas obtidas nas atividades realizadas, ressaltando pontos divergentes e convergentes.

O segundo momento é o da elaboração do relatório de pesquisa, que deverá ser construído com base na referida investigação. Antes da sistematização propriamente dita, é fundamental compartilhar os dados coletados com o grupo. Nesse momento, todos deverão expor suas impressões e estabelecer um diálogo fundamentado na leitura dos textos indicados pelo professor e tutor. O objetivo é que essa troca oportunize a reflexão da prática pedagógica do professor na educação infantil e contribua para a estruturação do relatório. O roteiro para essa elaboração é composto por elementos pré-textuais (capa, folha de rosto e sumário), elementos textuais (introdução, desenvolvimento e considerações finais) e elementos pós-textuais (referências, apêndices e anexos).

Aqui, vamos focalizar os elementos textuais como os mais importantes a serem comentados. Na introdução, é adequado apresentar o tema do trabalho e seus objetivos, justificar sua importância, expor a metodologia nele utilizada e descrever as partes que irão compor seu desenvolvimento. No desenvolvimento, é importante caracterizar o centro de educação infantil escolhido, apresentar a concepção de infância dessa instituição, sintetizando os dados coletados, bem como organizar uma análise na qual os resultados obtidos durante a investigação acerca da concepção de infância, presentes na organização do trabalho pedagógico da instituição estagiada, sejam fundamentados teoricamente.

Sobre a formação profissional na educação infantil, deve-se redigir um texto, sintetizando e analisando os dados coletados, os quais devem ser fundamentados teoricamente em conjunto com os resultados obtidos durante a investigação acerca da formação profissional, ou seja, o que temos e o que desejamos obter por meio desses dados. Sobre a organização do espaço/ambiente na educação infantil, é importante fazer uma análise, na qual os resultados obtidos durante a investigação acerca da organização dos espaços/ambientes na instituição estagiada devem ser fundamentados teoricamente.

Por fim, nas considerações finais, é necessário que o estudante realize uma autoavaliação, informando os benefícios que as atividades desenvolvidas proporcionaram à sua formação, avaliando se os objetivos do diagnóstico da prática profissional na educação infantil foram alcançados e refletindo sobre toda a problematização do trabalho.

4.2 Elementos de observação na educação infantil

O campo de pesquisa da educação infantil, por excelência, são os centros de educação infantil, compostos por creches e pré-escolas, que atendem crianças da faixa etária de 0 a 5 anos e 11 meses em instituições públicas ou particulares.

Para que se faça uma observação qualitativa da realidade, é fundamental realizar leituras sobre os pressupostos teóricos da educação infantil. Dessa forma, durante as visitas para coleta de dados em creches e pré-escolas, o pesquisador pode estabelecer relações entre os conceitos estudados e a realidade vivenciada, para que, assim, possa iniciar o processo de compreensão dos determinantes sociais que influem na educação infantil.

> Destacamos como primeiro elemento fundamental no processo de observação na educação infantil a reflexão sobre quem é a criança que será observada e em qual espaço ela está inserida.

Destacamos, como primeiro elemento fundamental no processo de observação na educação infantil, a reflexão sobre quem é a criança que será observada e em qual espaço ela está inserida. É importante também saber que, em um país como o Brasil, as diferenças de opinião e de oportunidades que as crianças vivenciam são intensas. Para contemplar esse elemento, antes da primeira visita, faça uma pesquisa sobre o contexto histórico e social do local onde o centro de educação infantil está localizado e procure estabelecer relações entre esses dados e as possibilidades de atuação pedagógica nesse espaço.

> *Você já parou para pensar que, mesmo em se tratando de uma única cidade, a diversidade pode ser enorme? Imagine, então, a diversidade existente de ponta a ponta no nosso país, no qual há muitas diferenças econômicas, políticas e de herança cultural.*

Elencamos, a seguir, alguns elementos para observação e posterior análise do processo de elaboração do relatório da pesquisa realizada em creches e pré-escolas. Primeiramente, é importante observar se a instituição atende as sete dimensões de qualidade, de acordo com os Indicadores de Qualidade na Educação Infantil do Ministério da Educação – MEC (Brasil, 2009c), que são os seguintes:

1. Planejamento institucional – é a construção da proposta pedagógica de forma coletiva, com base nas especificidades da região em que a pré-escola ou creche estão inseridas. É importante que todos conheçam os objetivos da instituição e atuem conjuntamente.
2. Multiplicidade de experiências e linguagens – a prática pedagógica deve favorecer atividades diversificadas para desenvolver a autonomia e favorecer a expressão da criança.
3. Interações – as trocas interativas devem ser fundamentadas nos valores sociais da proposta pedagógica da instituição. Assim, o professor deve ensinar com base em exemplos, em suas ações entre adultos-adultos, entre crianças-adultos e entre crianças-crianças.
4. Promoção da saúde – cuidar é função do professor de crianças pequenas, uma vez que há a necessidade de prevenir acidentes, assegurar a alimentação saudável e possibilitar cuidados com a higiene.
5. Espaços, materiais e mobiliários – é necessário construir, adaptar e adquirir somente aquilo que esteja adequado à

faixa etária das crianças. Por exemplo: os ambientes devem ser arejados, bem iluminados, limpos e aconchegantes.
6 Formação e condições de trabalho dos professores e demais profissionais – é importante que a formação dos professores seja específica para a área de atuação profissional, que a remuneração seja digna e que recebam apoio da direção e coordenação pedagógica da instituição de ensino.
7 Cooperação e troca com as famílias e participação na rede de proteção social – propiciar a comunicação com a família e com os serviços públicos de apoio (por exemplo, o serviço de saúde), com a intenção de fazer cumprir a legislação conforme estabelece o Estatuto da Criança e do Adolescente (ECA) Lei nº 8.065, de 13 ed junho de 1990, para que nossas crianças sejam, de fato, sujeitos de direitos.

Para exemplificar alguns itens a serem observados com maior profundidade nas creches e pré-escolas, apresentamos algumas descrições quanto ao espaço, às instalações, aos equipamentos, à prática educativa, aos momentos de aprendizagem, ao tempo e às adaptações com base na obra de Bassedas, Huguet, e Solé (1999).

Quanto ao espaço, às instalações e aos equipamentos, observar os seguintes pontos, entre outros:

- se há espaço para uso exclusivo de crianças de 0 a 5 anos e 11 meses;
- se há espaço para recepção;
- se há locais para os professores e para serem prestados os serviços administrativos, pedagógicos e de apoio;
- se há salas, com boa ventilação e iluminação para as atividades das crianças;
- se há visão para o ambiente externo;
- se o espaço foi construído propriamente para abrigar uma creche ou uma pré-escola ou se é uma casa adaptada;

- se o mobiliário e os equipamentos são adequados e respeitam a área mínima de 1,5 m² por criança atendida;
- se há local (cozinha com utensílios próprios e específicos) para realizar as refeições;
- se há locais com balcão e pia para amamentação e higienização;
- se as instalações sanitárias são suficientes e próprias para o uso das crianças;
- se há uma área livre para movimentação das crianças no berçário;
- se há um espaço com cobertura adequado para atender ao número de alunos em cada turno para atividades extras (por exemplo, um solário, um ambiente externo coberto etc.);
- se há áreas ao ar livre, sem cobertura, incluindo áreas verdes, que possibilitam atividades físicas, artísticas e de lazer;
- se a segurança é presente em toda estrutura física da instituição, conforme as indicações da vigilância sanitária.

Ressaltamos que, quando o ambiente está estruturado de acordo com as normas de segurança infantil, torna-se difícil acontecer algum acidente, mesmo em momentos de distração do professor.

Sobre a prática educativa, tomamos como elementos centrais os conhecimentos a serem trabalhados e a rotina como organizadores dos momentos cotidianos na educação infantil. Sobre essa questão, observe o seguinte:

- como se organiza o ambiente;
- como se dá o momento de entrada e de saída;
- como se organiza o processo de alimentação;
- como é o processo de higiene;
- como é o momento do descanso;
- como os responsáveis organizam os passeios;
- como são as atividades de lazer (como os passeios ao parque ou os filmes a que assistem etc.).

> Enfatizamos que a prática educativa é, geralmente, intencional. Portanto, é preciso ter a clareza de que o que é observado no espaço da educação infantil não deve acontecer ao acaso: é necessário planejamento.

No que diz respeito ao momento de aprendizagem, deve-se observar como essa prática educativa se organiza para que sejam trabalhados o movimento das crianças, a música, a linguagem oral e escrita, bem como lidam com aspectos da natureza e da sociedade, da matemática, das atividades coletivas e/ou individuais.

Como já mencionamos, todo trabalho realizado pelo professor de educação infantil é intencional, compondo-se das funções de educar e cuidar, ambas indissociáveis. Assim, esse professor deve ir além do cuidar: deve usar o lúdico como recurso pedagógico a fim de possibilitar meios para o desenvolvimento e a aprendizagem das crianças.

Arce (2001a) defende que o professor de educação infantil não pode ser visto somente como aquele profissional que gosta de criancinhas. É preciso atentar-se para o fato de que este precisa ter uma formação teórica consolidada, para que possa direcionar os momentos em grupo a fim de que sejam válidos. Portanto, as áreas do trabalho docente integram os Referenciais Curriculares Nacionais da Educação Infantil – RCNEIs (Brasil, 1998c, 1998d) e precisam ser trabalhadas para estimular o desenvolvimento da criança.

É com base nas Diretrizes Curriculares Nacionais da Educação Infantil (DCNEI) – lei homologada em 9 de dezembro de 2009 (Brasil, 2009b) – que os estados e municípios elaboram as diretrizes curriculares estaduais e municipais. Para saber mais sobre esse documento, acesse o *site* do MEC e consulte esse e demais documentos referentes à educação infantil.

> Ainda sobre o elemento de troca de conhecimento entre o grupo, é importante observar também se ocorre o uso inconveniente das chamadas *babás eletrônicas*, como a utilização de DVDs infantis como entretenimento educativo, pois o excesso de recursos que não possuem finalidade pedagógica ou educativa é preocupante, sendo que seu uso é benéfico se for moderado e com o objetivo de ilustrar conceitos.

Sobre a prática educativa na organização dos espaços, é necessário observar como se organizam. Inferimos que o espaço, o ambiente e a estrutura física influem no trabalho pedagógico, não como elemento determinante, mas como favorecedor. Quando temos um ambiente limitado, podemos constatar que isso restringe algumas ações, algumas atividades, que podem ser mais bem aplicadas em um ambiente que está adequado.

Durante as visitas a centros de educação infantil, é relevante observar a organização do tempo, pois este possui um fator relativo. Essa organização deverá ser dinâmica, para que as atividades não sejam extremamente longas e enfadonhas.

Quanto às situações de adaptação, observe o modo como a professora age, se de uma maneira adequada ou não, e lembre sempre que, quanto menor a ansiedade nesses momentos, melhor será para todos os envolvidos nesse processo. É importante observar também: se há oportunidades para relações de afeto; qual é o tamanho do grupo, se é grande ou pequeno; se as tarefas de rotina oferecem oportunidades para atenção individualizada; se há comunicação diária com a família; se a inserção de limites e regras ocorre de forma simples; se há oportunidade de escolhas ou se as crianças têm de seguir o tempo todo o que o professor determina; se o professor mantém o controle quando a criança o perde; se as turmas são organizadas pelo nível de desenvolvimento ou pela faixa etária; se existem materiais suficientes para possibilitar a redução de conflitos.

Finalizamos este capítulo ressaltando que tudo o que é visto durante as visitas em uma creche ou pré-escola fornece informações para posterior reflexão. Por essa razão, é importante a atenção a todos os elementos que integram a ação educativa na educação infantil.

Síntese

A pesquisa da prática profissional em cursos de formação de professores tem por objetivos o conhecimento da ação docente, o conhecimento da organização da escola e a iniciação à pesquisa. Buscamos contribuir com a formação docente por meio da pesquisa, do desenvolvimento de conhecimentos, de habilidades, de atitudes para a pesquisa e do entendimento desta como princípio educativo. Enfatizamos que a pesquisa na formação inicial possibilita o confronto de dúvidas e incertezas por meio da apropriação dos conceitos estudados e que o professor poderá ter suas dificuldades amenizadas com a prática constante das atividades de pesquisa.

Inferimos também que conhecer a ação docente, observá-la, refletir sobre ela (não só no momento das visitas a creches e pré-escolas) e utilizar métodos e técnicas para a coleta e análise de dados sobre a ação do professor na sala de aula propiciam maior compreensão da realidade. Sabemos que viver a docência é diferente de somente observá-la, por isso, é essencial investigá-la, a fim de contribuir em sua formação como professor.

Indicações culturais

Manual

BRASIL. Ministério da Justiça. Secretaria Nacional de Justiça. Manual da Classificação Indicativa. Brasília, 2006. Disponível em: <http://www.fndc.org.br/arquivos/ManualClassificacaoIndicativa.pdf>. Acesso em: 7 jun. 2011.

Esse manual apresenta critérios que podem ser adotados para a seleção de programas de televisão mais adequados à faixa etária de cada criança.

Site

BRINGUÉ SALA, X.; SÁDABA CHALEZQUER, C. (Coord.). A geração interativa na Ibero-América: crianças e adolescentes diante das telas. Disponível em: <http://www.educared.org/educa/arquivos/web/biblioteca/LivroGGII_Port.pdf>. Acesso em: 8 jun. 2011.

Esse site apresenta os resultados de uma pesquisa realizada por uma empresa privada em países da América Latina e da Espanha, os quais podem ser indicativos de ações educativas para educadores e pais. O objetivo da obra é cuidar para que as Tecnologias da informação e comunicação (TICs) sejam favorecedoras do crescimento pessoal dos mais jovens.

Atividades de autoavaliação

1. Sobre os objetivos da pesquisa e da prática profissional no curso de Pedagogia, assinale (V) para as afirmações verdadeiras e (F) para as falsas. A seguir, marque a alternativa que contém a sequência correta:

    ( ) O cumprimento da carga horária.
    ( ) O conhecimento da ação docente.
    ( ) O conhecimento da organização da escola.
    ( ) A iniciação à pesquisa da prática do professor de educação infantil.

a) V, V, V, F.
b) F, V, V, V.
c) V, V, F, V.
d) F, V, V, F.

2. Com base na análise da construção e da aquisição do conhecimento realizadas pelo homem, ordene as divisões do conhecimento desenvolvidas por Ferrari (citado por Marconi; Lakatos, 2002), associando a coluna B à coluna A. Depois, assinale a alternativa que contém a sequência correta:

Coluna A	Coluna B
I. Empírico	( ) Verificável, assistemático e inexato.
II. Filosófico	( ) Verificável pela ciência e comprovado por esta.
III. Religioso	( ) Conhecimento que leva à reflexão.
IV. Científico	( ) Não verificável. Ter fé em algo maior.

a) I, IV, II, III.
b) IV, I, III, II.
c) II, III, IV, I.
d) III, I, II, IV.

3. Assinale a alternativa incorreta sobre a definição de *ciência*:
a) São atividades de cunho racional, direcionadas ao conhecimento sistemático, que podem ser verificadas.
b) Informações ligadas de maneira lógica, relacionando os comportamentos de alguns fenômenos a serem estudados.
c) Conhecimentos sobre determinado elemento, obtidos por meio da observação e da experiência metodológicos.
d) Um conjunto de experiências vivenciadas plenamente para adquirir conhecimento em totalidade sobre determinado tema, fundamentado na dedução.

4. Sobre a definição de conhecimento científico, assinale (V) para as afirmações verdadeiras e (F) para as falsas. Logo após, marque a alternativa que contém a sequência correta:

( ) É real, pois é um fato da ciência.
( ) Contingente, porque se trata da experiência aliada à razão.
( ) Sistemático, pois tem uma ordem lógica.
( ) Não é verificável e nem comprovado.
( ) É falível, porque não é definitivo e aproximadamente exato, pois busca a reformulação da teoria existente.

a) V, V, F, V, F.
b) F, V, V, F, V.
c) V, V, V, F, V.
d) V, F, V, V, F.

5. Quanto à definição de método científico, assinale a alternativa correta:

a) É uma apresentação sucinta e ordenada das ideias centrais do texto lido, sem a utilização de citação.
b) É, na realidade, a compilação das ideias e não das palavras do texto.
c) É o conjunto das atividades sistemáticas e racionais que estruturam os procedimentos a serem seguidos e contribuem para identificar erros e auxiliar as ações do pesquisador.
d) Análise e apreciação da realidade vivenciada pelo estudante acadêmico.

Atividades de aprendizagem

Questões para reflexão

1. Leia o documento *Indicadores da Qualidade na Educação Infantil*, disponível no *site*: <http://portal.mec.gov.br/dmdocuments/indic_qualit_educ_infantil.pdf>. A seguir, explique qual é a finalidade desse documento para a instituição de educação infantil.

2. Construa um cartaz com imagens e textos para sua telessala, com base na leitura do documento *Critérios para um Atendimento em Creches que Respeite os Direitos Fundamentais das Crianças*, disponível no *site*: <http://portal.mec.gov.br/dmdocuments/direitosfundamentais.pdf>.

Atividade aplicada: prática

Com base na observação e no registro do professor durante as visitas a um centro de educação infantil, pesquise em *sites*, livros e revistas como ocorre o processo de avaliação nessa fase. Em seguida, escolha uma faixa etária e uma área específica de conhecimento e sintetize tópicos que apresentem aspectos considerados essenciais no processo de observação do desempenho da criança. Após a pesquisa, elabore um texto argumentando sobre a importância da observação direta do professor durante as atividades, enfatizando as contribuições do ato de pesquisar para a avaliação na educação infantil.

Considerações finais

Esta obra buscou possibilitar a construção de uma imagem mais concreta/real da infância brasileira (explicitando as múltiplas determinações que marcam as diferentes formas de conceber e viver a infância em nosso país), desmistificar os fundamentos que historicamente marcaram a formação do profissional que atua na educação infantil (deixando clara a importância da formação teórico-prática nesse nível de ensino) e demonstrar como o ambiente pode interferir positivamente no desenvolvimento e na aprendizagem da criança de 0 a 5 anos e 11 meses (desde que intencionalmente organizado).

Apresentamos, no decorrer da obra, um caráter exploratório, cujo principal objetivo não é dar respostas, mas apontar caminhos, suscitar dúvidas e indagações a respeito da realidade e dos porquês que permearam e permeiam a educação das crianças de 0 a 5 anos e 11 meses.

Consideramos que o docente da educação infantil deve ser um profissional conhecedor do histórico-social da área em que atua, das políticas públicas que a organizam e das teorias da aprendizagem humana, uma vez que o meio interfere de forma significativa no desenvolvimento da criança. Nesse sentido, acreditamos que o conhecimento de parte de vários fatores externos pode contribuir para que os profissionais da educação infantil se tornem agentes de transformação da realidade vivenciada.

Pretendemos mudar a concepção de caráter assistencialista da educação infantil, a qual historicamente permeou as práticas de atendimento nessa faixa etária. Vimos que, por meio da Lei de Diretrizes e Bases da Educação Nacional, Lei 9.394, de dezembro de 1996 (LDBEN Brasil, 1996), a educação infantil passou a ser considerada um nível de ensino integrante da educação básica, todavia, de frequência não obrigatória.

Acreditamos que essa mudança de concepção contribuirá para que seja extinto o "recrutamento" de pessoas sem qualificação profissional para trabalhar na educação infantil no Brasil, pois, mesmo que a formação docente esteja prevista em forma de lei – Lei nº 12.014, de 6 de agosto de 2009 (Brasil, 2009a), que altera o art. 61 da LDBEN/1996 com a finalidade de discriminar as categorias de trabalhadores que devem ser considerados profissionais da educação –, ainda há muitos centros de educação infantil que perpetuam essa prática.

Desejamos romper com a ideia de que a função do professor pode ser reduzida a de um técnico, um prático capaz de escolher o melhor caminho (no qual é mero participante), cujo saber é construído no "aprender fazendo", restrito apenas a agir e a refletir sobre sua prática, sem teorizá-la (Arce, 2001b). Isso porque, no momento em que você descobre o que é conhecimento científico, o que é método e o que é ciência, você começa a entender a importância da prática da pesquisa e da necessidade de organizar logicamente o conhecimento.

Esta obra não teve como propósito avaliar a instituição e seus profissionais, mas, sim, fornecer dados para o confronto entre os avanços teóricos e a realidade vivenciada durante os momentos de pesquisa na educação infantil. Almejamos explicitar que o modo de conceber e organizar esse nível de ensino não é natural nem, tampouco, neutro (Bellardo, 2009).

Retornamos, aqui, à indagação explicitada em nossa apresentação, porém mais clara agora, após a leitura deste texto: Como a realização de diagnósticos para verificar os conhecimentos que já foram construídos pela criança deve ser encarada? Essas observações podem contribuir para o planejamento da prática pedagógica do professor, de forma a estimular novas aprendizagens?

Por fim, reiteramos que um diagnóstico de qualidade não nasce por meio de um roteiro, como um método, e sim com base no conhecimento dos determinantes sociais e históricos que constituem a ação pedagógica na educação infantil.

Referências

ARCE, A. Compre o kit neoliberal para a educação infantil e ganhe grátis os dez passos para se tornar um professor reflexivo. Educação & Sociedade, Campinas, v. 22, n. 74, 2001a.

_____. Documentação oficial e o mito da educadora nata na educação infantil. Cadernos de Pesquisa, n. 113, p. 167-184, 2001b. Disponível em: <http://www.scielo.br/pdf/cp/n113/a09n113.pdf>. Acesso em: 6 jun. 2011.

_____. O jogo e o desenvolvimento infantil na teoria da atividade e no pensamento educacional de Friedrich Froebel. Cadernos Cedes, Campinas, v. 24, n. 62, p. 9-25, 2004.

ARROYO, M. G. Imagens quebradas: trajetórias e tempos de alunos e mestres. 5. ed. Petrópolis: Vozes, 2009.

_____. O significado da infância. In: SIMPÓSIO NACIONAL DE EDUCAÇÃO INFANTIL, 1., 1994, Brasília. Anais... Brasília: MEC, 1994. p. 88-92. Disponível em: <http://www.google.com.br/url?sa=t&source=web&cd=6&ved=0CEAQFjAF&url=http%3A%2F%2Fwww.cipedya.com%2Fweb%2FFileDownload.aspx%3FIDFile%3D155377&rct=j&q=SIMP%C3%93SIO%20NACIONAL%20DE%20EDUCA%C3%87%C3%83O%20INFANTIL%2C%201.%2C%201994%2C%20Bras%C3%ADlia.%20Anais&ei=A4eXTobcIJGTtwewor3pAw&usg=AFQjCNGcCxMI-2To9M1G1WN_zb56HNMzdw>. Acesso em: 19 jan. 2012.

BARBOSA, M. C. As especificidades da ação pedagógica com os bebês. Universidade Federal do Rio Grande do Sul. 2010. Disponível em: <http://portal.mec.gov.br/index.php?option=com_docman&task=doc_download&gid=6670&Itemid=.> Acesso em: 10 jan. 2011.

BECKER, F. A epistemologia do professor: o cotidiano da escola. Petrópolis: Vozes, 1993.

_____. Modelos pedagógicos e modelos epistemológicos. In: BECKER, F. Educação e construção do conhecimento. Porto Alegre: Artmed, 2001.

BELLARDO, W. S. Pesquisa e prática profissional: educação infantil. Curitiba, 2009. Teleaula ministrada ao Curso de Pedagogia EaD do Centro Universitário Uninter.

BERNARDES, E. L. Jogos e brincadeiras tradicionais: um passeio pela história. Universidade Federal de Uberlândia. Disponível em: <http://www.faced.ufu.br/colubheo6/anais/arquivos/47ElizabethBernardes.pdf>. Acesso em: 6 jun. 2011.

BONETTI, n. O professor de educação infantil um profissional da educação básica: e sua especificidade? 2006. Disponível em: <http://www.anped.org.br/reunioes/29ra/trabalhos/trabalho/GT07-1779—Int.pdf>. Acesso em: 12 dez. 2010.

BRANCO, A. U.; MACIEL, D. A.; QUEIROZ, N. L. N. de. Brincadeira e desenvolvimento infantil: um olhar sociocultural construtivista. Cadernos de Psicologia e Educação Paideia, Ribeirão Preto, v. 8, n. 14/15, p. 74-90, 2006. Disponível em: <http://www.scielo.br/pdf/paideia/v16n34/v16n34a05.pdf>. Acesso em: 6 jun. 2011.

BRASIL. Constituição (1988). Diário Oficial da União, Brasília, DF, 5 out. 1988. Disponível em: <http://www.planalto.gov.br/ccivil_03/constituicao/constitui%C3%A7ao.htm>. Acesso em: 7 jun. 2011.

_____. Decreto-Lei n. 10.172, de 09 de janeiro de 2001. Diário Oficial da União, Poder Legislativo, Brasília, DF, 10 jan. 2001. Disponível em: <http://www.planalto.gov.br/ccivil_03/leis/LEIS_2001/L10172.htm>. Acesso em: 22 set. 2011.

BRASIL. Lei n. 12.014, de 6 de agosto de 2009. Diário Oficial da União, Poder Legislativo, Brasília, 7 ago. 2009a. Disponível em: < http://www.planalto.gov.br/ccivil_03/_Ato2007-2010/2009/Lei/L12014.htm>. Acesso em: 22 set. 2011.

BRASIL. Lei n. 9.394, de 20 de dezembro de 1996. Diário Oficial da União, Poder Legislativo, Brasília, DF, 23 dez. 1996. Disponível em: <http://www.planalto.gov.br/ccivil_03/LEIS/L9394.htm>. Acesso em: 22 set. 2011.

BRASIL. Ministério da Educação. Proposta de Diretrizes para a formação inicial de professores da educação básica, em cursos de nível superior. Brasília: MEC, 2000.

BRASIL. Ministério da Educação. Conselho Nacional de Educação. Parecer n. 9, de 8 de maio de 2001. Relator: Raquel Figueiredo Alessandri Teixeira. Diário oficial da União, Brasília, DF, 18 jan. 2002. Disponível em: <http://portal.mec.gov.br/cne/arquivos/pdf/009.pdf>. Acesso em: 20 jun. 2011.

BRASIL. Ministério da Educação. Conselho Nacional de Educação. Câmara de Educação Básica. Parecer n. 20, de 11 de novembro de 2009. Relator: Raimundo Moacir Mendes Feitosa. Diário Oficial da União, Brasília, DF, 9 dez. 2009b. Disponível em: <http://www.google.com.br/url?sa=t&source=web&cd=1&ved=0CBcQFjAA&url=http%3A%2F%2Fportal.mec.gov.br%2Findex.php%3Foption%3Dcom_docman%26task%3Ddoc_download%26gid%3D3748%26Itemid%3D&rct=j&q=Parecer%20CNE%2FCEB%20n%C2%BA%2020%2F2009&ei=OLFNTcepFMGqlAfX3LT2Dw&usg=AFQjCNGx3-h3UeIVopcQGknEYY9QYXcGfg&sig2=BS3s9Jo7mIDLvDJUsCR01Q>. Acesso em: 20 jun. 2011.

____. Parecer n. 22, de 17 de dezembro de 1998. Relatora: Regina Alcântara de Assis. Diário Oficial da União, Brasília, DF, 22 mar. 1998a. Disponível em: <http://portal.mec.gov.br/dmdocuments/parecer_ceb_22.98.pdf>. Acesso em: 7 jun. 2011.

____. Resolução n. 1, de 7 de abril de 1999. Diário Oficial da União, Brasília, DF, 13 abr. 1999. Disponível em: <http://portal.mec.gov.br/cne/arquivos/pdf/CEB0199.pdf>. Acesso em: 22 set. 2011.

____. Resolução n. 1, de 14 de janeiro de 2010. Diário Oficial da União, Brasília, DF, 15 jan. 2010. Disponível em: <http://portal.mec.gov.br/index.php?option=com_docman&task=doc_download&gid=2483&Itemid=>. Acesso em: 7 jun. 2011.

BRASIL. Ministério da Educação. Secretaria da Educação Básica. Critérios para um Atendimento em Creches que Respeite os Direitos Fundamentais das Crianças. Brasília, 2009c. Disponível em: <http://portal.mec.gov.br/dmdocuments/direitosfundamentais.pdf>. Acesso em: 24 jan. 2012.

BRASIL. Ministério da Educação. Secretaria da Educação Básica. Indicadores da qualidade na educação infantil. Brasília, 2009c. Disponível em: <http://portal.mec.gov.br/dmdocuments/indic_qualit_educ_infantil.pdf>. Acesso em: 24 jan. 2012.

BRASIL. Ministério da Educação. Secretaria de Educação Fundamental. Referenciais para formação de professores. Brasília: MEC/SEF, 1998b.

_____. Referencial Curricular Nacional para a Educação Infantil: formação pessoal e social. v. 2. 1998c. Disponível em: <http://portal.mec.gov.br/seb/arquivos/pdf/volume2.pdf>. Acesso em: 17 ago. 2011.

_____. Referencial Curricular Nacional para a Educação Infantil: conhecimento de mundo. v. 3. 1998d. Disponível em: <http://portal.mec.gov.br/seb/arquivos/pdf/volume3.pdf>. Acesso em: 16 ago. 2011.

BRASIL. Ministério da Justiça. Secretaria Nacional de Justiça. Manual da Classificação Indicativa. Brasília, 2006. Disponível em: <http://www.fndc.org.br/arquivos/ManualClassificacaoIndicativa.pdf>. Acesso em: 7 jun. 2011.

BRINGUÉ SALA, X.; SÁDABA CHALEZQUER, C. (Coord.). A geração interativa na Ibero-América: crianças e adolescentes diante das telas. Disponível em: <http://www.educared.org/educa/arquivos/web/biblioteca/LivroGGII_Port.pdf>. Acesso em: 8 jun. 2011.

CASTORINA, J. A. O debate Piaget-Vygotsky: a busca de um critério para sua avaliação. In: CASTORINA, J. A. et al. Piaget-Vygotsky: novas contribuições para o debate. 6. ed. São Paulo: Ática, 2002.

CATANI, D.; BUENO, B.; SOUZA, C. O amor dos começos: por uma história das relações com a escola. Cadernos de Pesquisa, n. 111, p. 151-171, dez. 2000.

CÉREBRO MELHOR. Disponível em: <www.cerebromelhor.com.br>. Acesso em 30 jan. 2012.

CHIARELLI, L. K. M.; BARRETO, S. de J. A importância da musicalização na educação infantil e no ensino fundamental: a música como meio de desenvolver a inteligência e a integração do ser. Revista Recre@arte, n. 3, jun. 2005. Disponível em: <http://www.iacat.com/revista/recrearte/recrearte03.musicoterapia.htm>. Acesso em: 19 mar. 2012.

CORTELAZZO, I. B.; ROMANOWSKI, J. P. Pesquisa e prática profissional: procedimentos de pesquisa. Curitiba: Ibpex, 2008.

DANIELS, H. (Org.). Vygotsky em foco: pressupostos e desdobramentos. Tradução de Mônica Saddy Martins, Elisabeth Jadet Cestari. Campinas: Papirus, 1994.

DOLLE, J. M. Para compreender Jean Piaget: uma iniciação à psicologia genética piagetiana. 4. ed. Rio de Janeiro: Zahar, 1974.

DUARTE, n. Concepções afirmativas e negativas sobre o ato de ensinar. Cadernos Cedes, Campinas, v. 19, n. 44, abr. 1998. Disponível em: <http://www.scielo.br/scielo.php?script=sci_arttext&pid=S0101-32621998000100008&lng=en&nrm=iso>. Acesso em: 13 ago. 2011.

ESTEVE, J. M. O mal-estar docente. Lisboa: Fim de Século Edições, 1992.

FERREIRA, A. B. de H. Miniaurélio: o minidicionário da língua portuguesa. 7. ed., Curitiba: Positivo, 2008.

FOUCAULT, M. A ordem do discurso. São Paulo: Edições Loyola, 1996.

HENDRICK, J. As pequenas coisas. Vídeo Infância. Belo Horizonte: Sete, 1999. (Coleção Vida de Criança).

HOFFMANN, J. Por uma mudança efetiva da avaliação. Entrevista concedida à Revista Direcional. 2005. Disponível em: <http://www.jussarahoffmann.com.br/site/artigo.asp?id=3&pagina=1>. Acesso em: 22 set. 2011.

BASSEDAS, E. HUGUET, T.; SOLÉ, I. Aprender e ensinar na educação infantil. Porto Alegre: Artmed, 1999.

KAMII, C.; CLARK, G. de. Reinventando a aritmética: implicações da teoria de Piaget. 13. ed. São Paulo: Papirus, 1997.

KRAMER, S. (Org.). Profissionais de educação infantil: gestão e formação. São Paulo: Ática, 2005.

LODOVICI NETO, P. Pedro Lodovici. A musicoterapia como tratamento coadjuvante a doença de Parkinson. Dissertação de Mestrado PUC-SP, 2006. Disponível em: http://www.portaldoenvelhecimento.org.br/artigos/musicoterapia.pdf Acesso em 12 de agosto de 2011.

MANTOAN, M. T. E. Construção das estruturas da inteligência na criança. In: ASSIS, O. Z. M. de. Proepre: fundamentos teóricos e práticos para a educação infantil. São Paulo: [s.n.], 2002.

MARCONI, M. de A.; LAKATOS, E. M. Fundamentos de metodologia científica. São Paulo: Atlas, 2002.

MATUI, J. Construtivismo: teoria construtivista sócio-histórica aplicada ao ensino. São Paulo: Moderna, 1995.

MELLO, S. A. Infância e humanização: algumas considerações na perspectiva histórico-cultural. Perspectiva, Florianópolis, v. 25, n. 1, p. 83-104, jan./jun. 2007. Disponível em: <http://www.perspectiva.ufsc.br/perspectiva_2007_01/6-Suely.pdf>. Acesso em: 18 nov. 2010.

OLIVEIRA, M. K. Vygotsky: aprendizado e desenvolvimento – um processo sócio-histórico. 3. ed. São Paulo: Scipione, 1995.

_____. _____. 4. ed. São Paulo: Scipione, 1997.

OLIVEIRA, R. J. et al. Magnitude, distribuição espacial e tendência da anemia em pré-escolares da Paraíba. Cadernos de Saúde Pública, Rio de Janeiro, v. 18, n. 6, nov./dez. 2002.

OSTETTO, L. E. (Org.). Encontros e encantamentos na educação infantil: partilhando experiências de estágios. 6. ed. Campinas: Papirus, 2005.

PIAGET, J. A abstração lógico-aritmética ou algébrica. In: _____. Abstração reflexionante. Porto Alegre: Artes Médicas, 1995.

_____. A construção do real na criança. São Paulo: Ática, 2002.

_____. Epistemologia genética. São Paulo: M. Fontes, 1990.

PIMENTA, S. G. Professor-pesquisador: mitos e possibilidades. Contrapontos, Itajaí, v. 5, n. 1, p. 9-22, jan./abr. 2005. Disponível em: <http://www6.univali.br/seer/index.php/rc/article/download/802/654>. Acesso em: 15 dez. 2010.

POZO, J. I. Aprendizes e mestres: a nova cultura da aprendizagem. Tradução de Ernani Rosa. Porto Alegre: Artmed, 2002.

_____. Teorias cognitivas da aprendizagem. Porto Alegre: Artes Médicas, 1997.

REVISTA MENTE E CÉREBRO. O mundo da infância. São Paulo: Duetto/Scientific American, n. 20, 2009. Edição Especial.

SEVERINO, A. J. Metodologia do trabalho científico. 22. ed. São Paulo: Cortez, 2004.

STOLTZ, T. As perspectivas construtivista e histórico-cultural na educação escolar. Curitiba: Ibpex, 2008.

_____. Interação social a partir de Piaget e Vygotsky. Curitiba, 2010a. Notas de aula.

_____. Por que Vygotsky na educação? In: RAMOS, E. C. (Org.). Fundamentos da educação: os diversos olhares do educar. Curitiba: Juruá, 2010b.

_____. Teoria piagetiana: conflito cognitivo. Curitiba, 2006. Notas de aula.

TRISTÃO, R. M. Educação infantil: saberes e práticas da inclusão – dificuldades acentuadas de aprendizagem ou limitações no processo de desenvolvimento. 4. ed. Brasília: MEC/SEESP, 2006. Disponível em: <http://portal.mec.gov.br/seesp/arquivos/pdf/dificuldadesdeaprendizagem.pdf>. Acesso em: 10 set. 2011.

ULBRA – Universidade Luterana do Brasil (Org.). Psicologia do desenvolvimento e da aprendizagem. Curitiba: Ibpex, 2010.

VEER, R. V. D.; VALSINER, J. Vygotsky: uma síntese. 4. ed. São Paulo: Edições Loyola, 2001.

VYGOTSKY, L. S. A construção do pensamento e da linguagem. Tradução de Paulo Bezerra. 2. ed. São Paulo: M. Fontes, 2009.

_____. A formação social da mente: o desenvolvimento dos processos psicológicos superiores. 4. ed. Tradução de José Cipolla Neto; Luís Silveira Menna Barreto; Solange Castro Afeche. São Paulo: M. Fontes, 1991.

_____. El problema de la edad. In: Obras Escogidas IV. Madrid: Visor, 1932-1934/1996, p. 251-276.

_____. Pensamento e linguagem. 2. ed. São Paulo: M. Fontes, 1998.

_____. Psicologia pedagógica. Tradução de Paulo Bezerra. 3. ed. São Paulo: M. Fontes, 2010.

XAVIER, M. E. S. P. et al. História da educação: a escola no Brasil. São Paulo: FTD, 1994.

Bibliografia comentada

OLIVEIRA, Z. R. de. Educação infantil: fundamentos e métodos. São Paulo: Cortez, 2002.

Considerada uma obra completa, pois trata sobre a história e os avanços da educação infantil na Europa e no Brasil. Dá abertura à reflexão a respeito da passagem de um atendimento puramente assistencialista a uma nova concepção da creche e da pré-escola. Além disso, possibilita a discussão sobre as perspectivas de consolidação de uma proposta pedagógica que considere o desenvolvimento das crianças e o contato familiar.

OSTETTO, L. E. (Org.). Encontros e encantamentos na educação infantil: partilhando experiências de estágios. 9. ed. Campinas: Papirus, 2000.

Apresenta vivências de educadoras em formação, oferecendo a oportunidade de redescoberta das linguagens, da reinvenção de significados, além de despertar o desejo de aprender. Também apresenta uma proposta de estágio envolvendo a formação inicial e continuada. O título se justifica por abordar as vivências partilhadas no cotidiano de cuidar e educar crianças de 0 a 6 anos, mostrando a possibilidade de se encantar com essa atividade.

GOLDSCHMIED, E.; JACKSON, S. Educação de 0 a 3 anos: o atendimento em creche. 2. ed. Tradução de Marlon Xavier. Porto Alegre: Artmed, 2006.

Trata especificamente do trabalho com crianças de 0 a 3 anos, enfocando aspectos do cotidiano profissional do educador. É também indicada para gestores e administradores de serviços de cuidados de crianças. Inclui exemplos práticos para o trabalho de cuidar e educar, orientações sobre brinquedos educativos para bebês e crianças pequenas e dicas de como lidar com as necessidades emocionais das crianças.

VYGOTSKY, L. S. Imaginação e criação na infância: ensaio psicológico – livro para professores. Tradução de Zioa Prestes. São Paulo: Ática, 2009.

Enfatiza a relevância do trabalho pedagógico intencional para criar condições e formas para que as crianças possam participar da cultura. A obra possibilita a compreensão e a reflexão de diversos conceitos, como o do termo imaginação, analisando as relações entre imaginação e realidade. Um diferencial é o fato de abordar a imaginação com base na atividade humana afetada pela cultura, pela linguagem e pelo pensar historicamente elaborado. Na obra, Vygotsky destaca aspectos sobre a escrita, o teatro, o desenho e as brincadeiras das crianças.

Respostas

Capítulo 1

Atividades de autoavaliação

1. c
2. c
3. b
4. b
5. V, V, F, V.

Atividades de aprendizagem

Questões para reflexão

1. O uso da nomenclatura *tia* para se referir ao profissional que atua na educação infantil é inadequado, pois está fundamentado na concepção assistencialista, que visa somente ao cuidar. É possível perceber no texto deste capítulo o quanto a não valorização da formação e qualificação do professor prejudica o trabalho educativo na educação infantil.
2. O perfil do professor de educação infantil que se busca construir hoje é o de um profissional que possua conhecimento teórico e que seja capaz de mediar intencionalmente o processo educativo, ajudando a escola a cumprir o seu

papel de local de formação de conceitos científicos. A ação correspondente a essa imagem será a capacidade de indagação, de criticidade, de disciplina, de relacionar teoria e prática e de estimular o desenvolvimento da criança.

Capítulo 2

Atividades de autoavaliação

1. c
2. b
3. c
4. b
5. c

Atividades de aprendizagem

Questões para reflexão

1. O objetivo nesta atividade é a reflexão e criação de tópicos que retratem os aspectos principais da tese de Arroyo. Entre eles, podemos destacar: esse é o único momento da criança viver a infância; o tempo não voltará e a criança não terá outro momento como este; cada fase da vida do ser humano é única e importantíssima; a vida em cada fase deve ser vivida plenamente; a infância é a síntese de múltiplas determinações, as quais interferem em sua concepção e construção; a infância é marcada por todas as relações, sociais e de organização familiar, presentes no meio em que está inserida.

2. A infância é a síntese de múltiplas determinações, as quais interferem em sua concepção e construção. Ela é marcada por todas as relações, sociais e de organização familiar, presentes no meio em que está inserida. Uma dessas determinações é o momento histórico, pois a criança não foi e não é a mesma em todos eles. Cada momento histórico trouxe uma determinada configuração, uma determinada marca para essa criança; por

isso, os professores da educação infantil precisam saber quem é essa criança hoje, na atualidade. A infância, teoricamente, deveria ser o tempo de cuidado, de humanização do sujeito. Precisamos saber que as crianças chegam à escola em condições desiguais não porque suas capacidades são menores, mas porque a vida lhes foi desigual. É importante que os professores da educação infantil se perguntem qual o significado que atribuem à infância e reconheçam que cada idade tem suas especificidades e características. Para que se tenha um projeto educativo concreto, é necessário que se considere cada detalhe da infância, o que requer um trabalho personalizado, o qual compreende que esta tem formas próprias de aprendizagem e de desenvolvimento. São essas especificidades que deverão ser consideradas quando quisermos desenvolver um trabalho pleno com essas crianças. Sobre a concepção de infância, enfatizamos que não devemos olhá-la de forma natural, como se todas as crianças vivessem essa fase da vida da mesma maneira. É preciso compreender que a infância sempre trará consigo marcas profundas, não importa a ótica pela qual seja observada.

Capítulo 3

Atividades de autoavaliação

1. a
2. b
3. c
4. d
5. V, V, F, V.

Atividades de aprendizagem

Questões para reflexão

1. Para que, assim, possa estruturar de forma segura e consistente o seu plano de aula. As atividades selecionadas pelo docente

devem priorizar a diversidade cultural, social e intelectual existente na sala de aula da educação infantil. A LDBEN (Brasil, 1996) proporcionou avanços para o trabalho na educação infantil, entre eles a publicação dos RCNEIs (Brasil, 1998c, 1998d), os quais, apesar de possuírem limitações, direcionaram os objetivos a serem alcançados na primeira infância. Dessa forma, a criança, gradativamente, passa a ser vista e respeitada dentro de seus limites e potencialidades.

2. O desenvolvimento da linguagem ocorre quando a criança está inserida em um grupo cultural, durante as relações de intercâmbio social (comunicação). Nesse sentido, é necessário compreender que não basta apresentar livros ou apostilas diversificadas, com linguagens "prontas", se não ocorrer na sala de aula a comunicação com significado e o ensino da linguagem com base nas vivências desse grupo cultural.
É preciso haver espaço para a interlocução, a troca entre professor-crianças, crianças-professor, criança-criança, pois a criança entra em contato com novos conhecimentos e conceitos principalmente por meio da atividade social verbalizada.

Capítulo 4

Atividades de autoavaliação

1. b
2. a
3. d
4. c
5. c

Atividades de aprendizagem

Questões para reflexão

1. Os indicadores são sinais que revelam aspectos de determinada realidade e que podem qualificar algo. Esse documento foi

construído com o objetivo de auxiliar as equipes que atuam na educação infantil, juntamente com famílias e pessoas da comunidade, a participarem de processos de autoavaliação da qualidade de creches e pré-escolas que tenham um potencial transformador. Pretende, assim, ser um instrumento que ajuda os coletivos – equipes e comunidade – das instituições de educação infantil a encontrarem seu próprio caminho na direção de práticas educativas que respeitem os direitos fundamentais das crianças e ajudem a construir uma sociedade mais democrática. O processo de realizar um diagnóstico sobre a qualidade de uma instituição de educação infantil precisa levar em consideração alguns aspectos importantes: o respeito aos direitos humanos fundamentais; o reconhecimento e a valorização das diferenças de gênero, étnico-racial, religiosa, cultural e relativas a pessoas com deficiência; a concepção de qualidade na educação em valores sociais mais amplos, como o respeito ao meio ambiente, o desenvolvimento de uma cultura de paz e a busca por relações humanas mais solidárias; a legislação educacional brasileira, que define as grandes finalidades da educação e a forma de organização do sistema educacional, regulamentando essa política nos âmbitos federal, estadual e municipal; os conhecimentos científicos sobre o desenvolvimento infantil, a cultura da infância, as maneiras de cuidar e educar a criança pequena em ambientes coletivos e a formação dos profissionais de educação infantil (adaptado de Brasil, 2009c, p. 14-20).

2. O cartaz deverá ilustrar o quanto a creche respeita a criança. Ilustrar e escrever sobre a importância de nossas crianças terem direito: à brincadeira; à atenção individual; a um ambiente aconchegante, seguro e estimulante; ao contato com a natureza; à higiene e à saúde; a uma alimentação sadia; ao desenvolvimento de sua curiosidade, imaginação e capacidade de expressão; ao movimento em espaços amplos; à proteção, ao afeto e à amizade; à expressão de seus sentimentos; a uma atenção especial durante seu período de adaptação à creche; ao desenvolvimento de sua identidade cultural, racial e religiosa.

Sobre a autora

Luciana dos Santos Rosenau é pedagoga, psicopedagoga e mestre em Educação pela Pontifícia Universidade Católica do Paraná (PUCPR). Atuou como professora de educação infantil na rede particular, no Colégio Bom Jesus, por dois anos; como professora das séries iniciais do ensino fundamental em instituições públicas da Prefeitura Municipal de Curitiba (PMC) e da Secretaria de Estado da Educação do Paraná (Seed-PR) por seis anos. Foi docente do curso de Pedagogia do Centro Universitário Uninter por sete anos e meio e do curso de Pedagogia na modalidade a distância (EaD), também do Centro Universitário Uninter, por quatro anos e meio. Além de exercer a docência, foi coordenadora adjunta do curso de Pedagogia EaD do Centro Universitário Uninter por um ano e meio. Atualmente, é coordenadora da Tutoria Online dos cursos profissionalizantes a distância do Instituto Federal de Educação, Ciência e Tecnologia do Paraná (IFPR), do qual é professora concursada, com dedicação exclusiva para os cursos de EaD.

Os papéis utilizados neste livro, certificados por instituições ambientais competentes, são recicláveis, provenientes de fontes renováveis e, portanto, um meio responsável e natural de informação e conhecimento.

FSC
www.fsc.org
MISTO
Papel produzido a partir de fontes responsáveis
FSC® C103535

Impressão: Reproset
Julho/2018

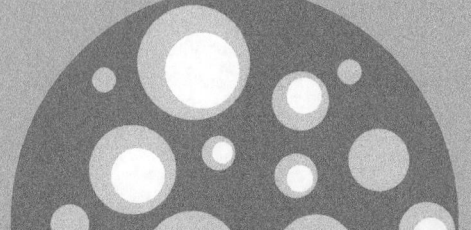